汉字里的国学

刘叶翎　段庆峰　著

中国人民大学出版社
·北京·

小小汉字大智慧

刘叶翎

人，都向往和追求着幸福。

2012年中秋、国庆双节前，中央电视台推出了"走基层·百姓心声"特别调查节目"幸福是什么？"。记者们分赴各地采访包括城市白领、乡村农民、科研专家、企业工人在内的几千名各行各业的工作者，问他们："你幸福吗？"相信面对这个问题，大多数人都要琢磨一下。其实幸福没有标准。因为每个人对幸福的定义不太一样。

幸福是主观的。

你能非常肯定地说，一个有钱有权有势，身居高位，衣食无忧的人就是幸福的吗？

同理，你能非常肯定地说，生活在底层的劳动人民就不幸福吗？

不能，因为，幸福是自己的事。

有的人幸福感比较低，原因各种各样，但有个原因占了主导，就是他把"需要"和"欲望"混为一谈。从物质需要的角度来说，够了就可以了。如果我们还要更多更多，那就是欲望了。现在看来，我们基本在欲望的这条线上挣扎着，以为那是必须要有的，结果把生活过得有些劳累，有些繁忙，甚至忽视了真正的需要，在满足欲望中迷失自己。但对于人来说，真正的需要，是人要有一个正确观念的指引，因为那是人生幸福的根源。

其实幸福很简单，就两个字概括——和谐。

首先一定要做到自我的身心和谐。身体健康，说明内脏和四肢是和谐的。心理健康，就能经受各种事件的发生，在社交、工作、生活上能与其他人保持较好的沟通或配合。

家庭成员如果人人自我和谐，家庭定会是和谐的。如果每个家庭都和谐，社会必定和谐。这是真幸福。《大学》中的"修身齐家治国平天下"说的就是这个道理。

那怎么才能和谐？我们不妨做个选择题，人们追求幸福，是努力更重要，还是选择更重要？当然是选择更重要，选择正确后再去努力，这个顺序是不能颠倒的。选择错误的话，越努力越糟糕。

习近平主席曾经说："只要路走对了，就不怕遥远。"这句话是很有深意的。一个国家要走对路，一个家庭要走对路，一个人要走对路，不管多远，慢慢走，每走一步都扎扎实实，这叫明白人的路。

那我们怎么才能选择正确，走正确的人生路呢？这就要靠智慧了。智慧不是智商，智慧不等同于聪明。

有一部奥斯卡获奖影片叫《阿甘正传》。主人公阿甘智商很低，被人称作傻子，但他做任何事情都专注认真，屡屡获得成功。影片中阿甘与母亲的一次对话，令人印象深刻。阿甘问自己的母亲："妈妈，怎么总是有人说我是个傻瓜？"妈妈的回答非常智慧："孩子，做傻事的才是傻瓜。"

现在的社会，乱象频生，有不少聪明的人不停地做着傻事，追求本来就追不到的东西，伤害自己不说，有的甚至伤害他人。因此，我们可以看出，智慧的思考，正确的思想观念，能启发正确的判断，从而让人做出正确的选择，这样带来的结果往往也是好的。

我们能从哪里得到智慧？当然是去找有智慧的人，可这样的人如果身边没有怎么办？那就追寻祖先的足迹，寻找智者留下的经典，那定是我们人生的宝典。因为翻开它，里面记录着久经考验、令人受益无穷的道理。

这些传承了上千年、蕴含着深刻哲理的经典，不是用来放在书架上让我们欣赏的，而是要去学习并实践的，因为不实践就真的不知道它的好，不实践，只对它进行这样那样的学术研究，经典存在的意义就被大大削弱，成了空中楼阁。

回到我们一开始的那个话题，人要有一个正确观念的指引，因为它是人生幸福的根源。幸福的生活其实是用智慧创造出来的。而中华优秀传统文化就是智慧的宝典，如果仅仅放在那里供人欣赏岂不是太可惜了？

可翻开经典，又会遇到一个难题，文言文令很多人望而却步。学习文言文，首先要认识汉字。有的人会质疑，怎么能说我们不认识汉字呢？哦，真的，我们看似熟悉的汉字，其实义理无穷。

中国文化长存至今，原因有很多，但其中有一个原因是学术界公认的，那就是我们祖国灿烂的文化一直都靠汉字来承载，汉字是中华文化的载体，认识汉字是认识优秀传统文化的基础。

一个小小的汉字，背后所隐藏的故事，引人入胜，耐人寻味，更是打开经典的钥匙。让我们人人亲近汉字，通过它的指引，来探索中华文化中的精髓和奥秘吧！

写在前面的话

汉字，世界上唯一的表意文字，承载着古人造字时的时代特点和人文气息，是中华民族文化中典型的"活化石"。它不仅美在形体上，更美在它的风骨、美在它的神韵上。现代人觉得只要知道这个字念什么、是什么意思就算认识它了。其实不然，每一个汉字里都渗透着深厚的文化意蕴，有着独特的文化魅力。

中华五千年灿烂的文化，是靠什么传承至今？汉字。这毋庸置疑。没有了汉字承载，后世子孙就无法领略数千年文明的精髓，就无法触碰中华文化的精神内核。现在国家大力提倡弘扬中华传统文化，而"国学"二字也在被忽略了很长时间的情况下，再次被人提及。国学不应只是学术，更应与我们的生活紧紧联系在一起，使之焕发生命力。

本书旨在挖掘和利用汉字背后传递出的人文精神来指导人们的生活，同时还可以对照现代生活，找到我们需要进步、需要向古人学习的地方。与市面上其他同类的书不同之处在于，本书不仅仅讲汉字的部件，更注重汉字构成之后所要传达的智慧。也就是不仅重视知识层面的讲解，更注重智慧层面的传播，它带有很大的生活指导性和实际操作功能。

本书每个汉字的介绍层次是先认识汉字的本来面目，然后去读经典，读过经典之后，要明白其中的道理，明理后一定要去实践。实践是为了幸福和喜悦。我们人生所追求的目标其实归根结底就是这个，这也是孔子所说的"学而时习之，不亦说乎"的道理所在。说到底就是要达到知行合一的教育目的。

诸多汉字遵循着天道而"活"着。它们是最贴近自然的人为产物。它们穿越时空告诉我们，人应该怎样亲近和敬畏自然并与之和谐相处。让我们带着那种熟悉的陌生感，去亲近这些久违了的"老"朋友，这些朋友会教你为人处世，会教你怎样进步，会教你如何正确地看待这个世界。润物无声，等待我们的是，思想悄悄发芽，智慧满树开花。

本书每篇内容的最开始，是"板书依伴阅读"，这个版块中，作者把每篇所介绍的汉字最为核心的主旨呈现出来，用形象的图片，大致给读者一个思路，依靠这个并不十分完整的"板书"来激发读者的阅读兴趣，待阅读完毕之后，读者完全可以把读后的感想补充完整，或者做一个自主的阅读梳理。这样便于读者记住其中的内容。

在文章后的"描一描"中，我们选取了有名碑帖或者古代著名书法家所写的书法，便于喜欢书法的读者练习。在练习的过程中不断加深对这个字本来面貌的印象。

"做一做"这个环节对于小读者来说最为重要，在实践中去体会真理。中华传统文化不是空中楼阁，一定要知行合一，既然懂得了经典中所说的道理，就一定要落实。

文章后的"背一背"列出由这个汉字所引发的经典名句，旨在让读者多背诵经典，加深对文章所传递的内容的理解，还可以用来指导今后的生活。

"想一想"这个环节，是引导读者在深入阅读后产生一些延展思维。一篇文章字数有限，所传递的思想也是有限的，希望读者读过之后，对某些问题能够思考得更为深入。

"查一查"是让读者借助作者的提示，到传统文化的海洋中获取所需要的知识，来丰富对某个汉字或某些内容的认识。

"议一议"的设计意图是，在现实社会中总会有一些问题摆在我们的面前，有时候会让我们对经典中的话产生怀疑，然而在细致学习和分析之后，我们才会明白古圣先贤所讲的道理的精髓何在。

本书大部分内容与教学视频或音频同步，在相关网站可以看到或听到同步的课程讲解。本书选取了其中一部分，以二维码的形式放在相关内容的文末，欢迎大家扫描二维码收看或收听。

总之，本书的终极目标，就是希望能够吸引更多的小朋友大朋友走进中华传统文化的大门，静心深入了解汉字及其所涉及的中华文化的精神内核，从而激发学习传统文化的热情，依照这个途径建立正知正见，以此指导自己的生活，成为一个真正有"文化"的人。而这个人，正如梁晓声先生所说的，拥有根植于内心的修养，无需提醒的自觉，以约束为前提的自由和为别人着想的善良。

目 录

天人合一

木——像树一样成长　　　　　/〇〇二
山——虽久却不远的呼唤　　　/〇〇八
水——自然的圣者　　　　　　/〇一五
茶——"品"一片树叶　　　　　/〇二三
生死——逃不掉的对话　　　　/〇二七
一二三四五——汉字"数"中的玄机　/〇三六
六七八九十——果然神妙　　　/〇四三

一才之能

人——一才之能　　　　　　　/〇五二
从——两个人的故事　　　　　/〇五九
文化——世间最美的花纹　　　/〇六五
眉——洞察情绪的机关　　　　/〇七〇

耳——圣人的心灵　　　　　　　　　　/〇七三
自——自在地呼吸　　　　　　　　　　/〇七九
目——内外兼"修"　　　　　　　　　　/〇八三
口——通往天堂和地狱的门　　　　　　/〇八八
心——幸福的秘诀　　　　　　　　　　/〇九四
手——劳动创造人本身　　　　　　　　/〇九九
止——停下来的智慧　　　　　　　　　/一〇八
足——在路上　　　　　　　　　　　　/一一三
武——放下　　　　　　　　　　　　　/一一九
元首——起心动念的源头　　　　　　　/一二四

知行合一

经——不变的"命脉"　　　　　　　　/一三〇
典——捧出敬畏的心　　　　　　　　　/一三六
学习——知行合一的喜悦　　　　　　　/一四三
创新——一把锋利的双刃剑　　　　　　/一五〇
安静——内与外的和　　　　　　　　　/一五六
箸——餐具里的文明　　　　　　　　　/一六五
教育——从蒙昧走向文明　　　　　　　/一七〇
福祸——永远与你随行的"果"　　　　/一七八
廉腐——一样的外表，不一样的内心　　/一八五
贪嗔痴与戒定慧——幸福路上的选择　　/一九五
自暴自弃——被忽略的一层含义　　　　/二〇一
竞争——战争的源头　　　　　　　　　/二〇八

修身

仁——不只是两个人的事 /二一四
义——自我气质的塑造 /二一九
礼——得体地进退 /二二三
智——真正的"聪明" /二二八
信——成事的前提 /二三四
羊——美的真谛 /二三九
善——积福的宝贝 /二四四
爱——有心的印记 /二五一
耻——另一种勇气 /二五九
亲——心与心相见 /二六四
孝——德之本也 /二六八
和——心声相应 /二七五
节——不一样的过度 /二八一
勇敢——无畏地担当 /二八六

齐家治国平天下

鼎——最高的承诺 /二九四
齐家——用心守护的地方 /三〇一
贝——有"道"的孔方先生 /三〇八

后记 /三一五

天人合一

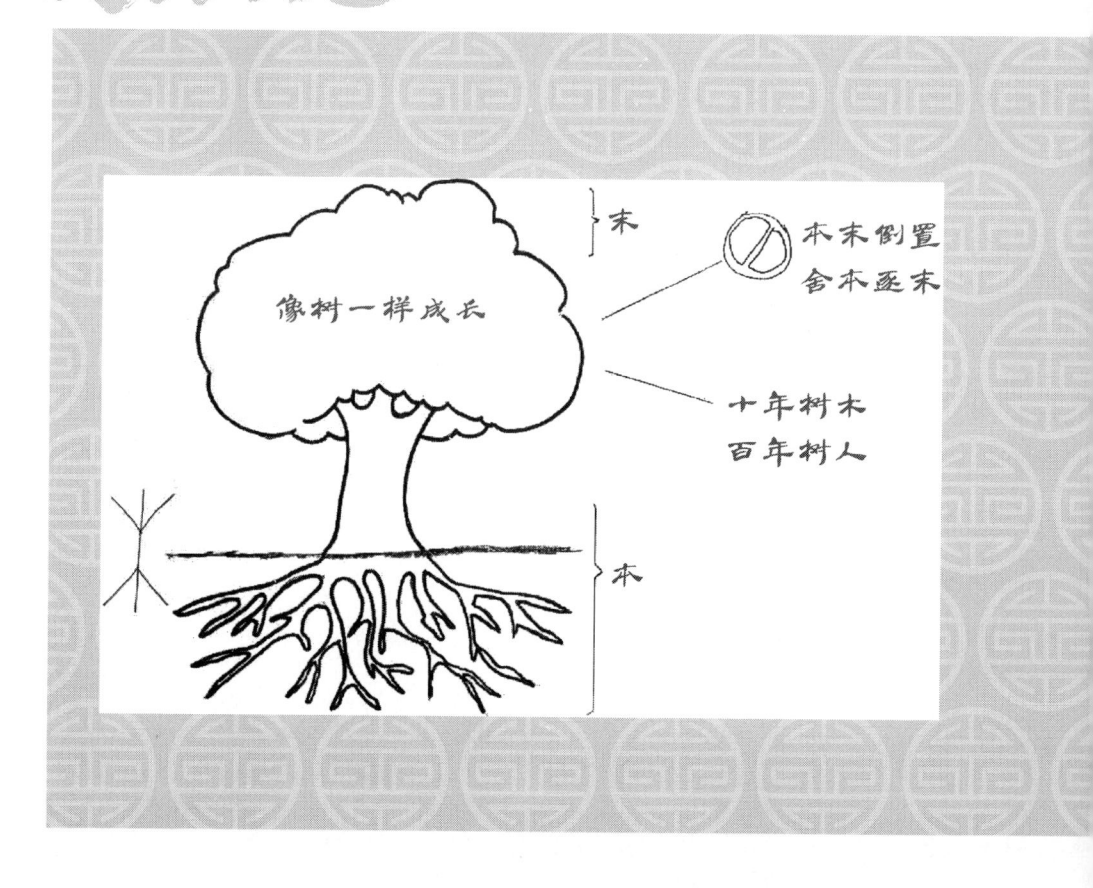

木

——像树一样成长

板书伴阅读

本末倒置
舍本逐末

十年树木
百年树人

像树一样成长

末

本

甲骨文中的"木"

每当浸润在美好的自然环境中时,人们会产生与之完全融为一体而忘我的感觉。其实,本来就是如此。

《周易》中,"乾""坤"两卦的《象》分别是:

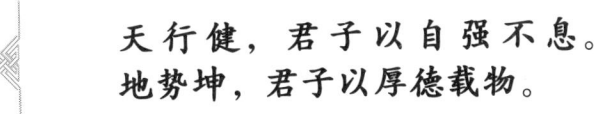

> 天行健,君子以自强不息。
> 地势坤,君子以厚德载物。

天(即自然)的运行刚强劲健,相应地,君子处世,也应像天一样,力求进步,刚毅坚卓,发愤图强,永不停息;大地的气势厚实和顺,相应地,君子应增厚美德,容载万物。可见我们祖先对自然充满敬仰之情,能从自然中得到启示。人要有能体会"天人合一"这深刻义理的悟性。

自然中,树木是最常见的,我们就以"木"为例说一说。甲骨文中的"木"如上图所示。我们能从中看出树的样子,上半部分表示枝丫伸展,而下半部分,画了同样的图形,表示的却是树根。可见"木"在甲骨文中被表现得非常完整。正可谓"树无根不长"。

以下是"木"的字形演变过程。

篆书"木"（元·赵孟頫） 　　隶书"木"（汉·西狭颂） 　　楷书"木"（唐·褚遂良）

祖先不单单告诉我们什么是"木"，而且非常清楚地告诉我们木的各个关键部位的名称。从下基到根的部分，是"本"（见右图和本页底部三幅图），而树的顶端叫"末"（见下页图）。我们会发现，本和末这两个字的字根都是"木"，所以也就知道什么叫"根本"和"末梢"了。

与此同时，我们还会想到另外一个字，就是"未"，它为什么跟"末"的意思不相同呢？我们先来看看左图"未"篆书的写法。

甲骨文中的"本"

"未"特指植物的果实成熟后具有滋味的状态。所以"滋味"的"味"古时同"未"。它的造字表达的意思是树叶重叠在一起的样子。枝叶很茂盛，那一定是夏天了。所以农历的六月，也叫"未月"。

篆书"未"
（清·吴让之）

篆书"本"（秦·李斯） 　　隶书"本"（汉·史晨前后碑） 　　楷书"本"（隋·智永）

汉字里的国学 ｜ 〇〇四

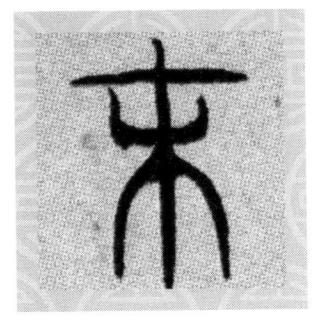

篆书"末"（明·安国） 　　隶书"末"（汉·石门颂） 　　楷书"末"（唐·颜真卿）

看到本末二字，不禁想到《大学》里的那段话：

> 物有本末，事有终始，知所先后，则近道矣。

天地万物皆有本有末，凡事都有开始和终了，能够明白本末、终始的先后次序，就能接近大学所讲的修己治人的道理了。

莫小看这本末二字，有的人总是做本末倒置、舍本逐末的事情，最后却不知自己错在哪里。可见看问题须找到事物的根源才可以。如果只看表面现象，得出的结论必定是肤浅和片面的。

战国时，有一次齐国的国君派使臣去访问赵国。使臣到了赵国，把齐王的信交给了赵威王，赵威王连看都没看信，就亲切地问使臣，今年收成好吗？老百姓生活得好吗？齐王的身体好吗？使臣听了，心里很不高兴，对赵威王说："齐王派我来访问赵国，可您连信都不看，先问收成、百姓，最后才问国君，这不是本末倒置吗？"赵威王笑着说："对于一个国家来讲，粮食是最重要的，还有，如果没有百姓，哪有什么国君啊！所以我这样问，根本没有本末倒置！"这番看似普通的对话，却道出了一个道理：君王在治理国家时要抓住根本。

《孟子》中有这样的记载：

> 民为重，社稷次之，君为轻。

这是提醒君王，要知道什么是最为重要、最为根本的。

说到"本"，有个词现在不太被人重视了，它就是"本分"。这个词包含什么样的深意呢？本，就是根本、基础。而"分"代表了责任和义务。每个人，每个行业，都该守好自己的本分，尽到责任和义务。教师的本分就是教书育人，医生的本分就是救死扶伤，军人的本分就是保家卫国……如果大家都安守本分，那么这个社会一定良性循环发展。然而，如果不安守本分，被各种环境左右，被各种利益迷惑，丧失本分，在这个岗位却不再讲求责任和义务，后果将是多么可怕。

一棵小树长成参天大树，需要经历雨露的滋养、风雪的考验，这个过程很不容易。这让我们想到了培育一个人成才的艰难。《管子》中记载着这样一段话：

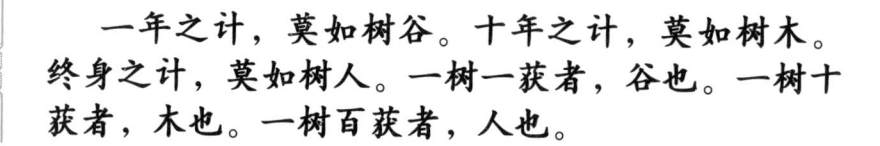

> 一年之计，莫如树谷。十年之计，莫如树木。终身之计，莫如树人。一树一获者，谷也。一树十获者，木也。一树百获者，人也。

管子
中国古代著名的哲学家、政治家、军事家，被誉为"法家先驱"。

这就是说用一年的时间做一件事，收获最大的是种谷物，用十年时间种树收获最大，一生的时间则用来学习做人（也就是受教育），就是常说的十年树木，百年树人。种谷物会有收获，种树收获会更大，而受教育则有数不清的收获。

正如著名的教育企业家俞敏洪所说的：我们每一个人，都应该像树一样成长，即使我们现在什么都不是，但是只要你有树的种子，即使你被踩到泥土中间，你依然能够吸收泥土的养分，自己成长起来。当你长成参天大树以后，人们在遥远的地方，就能看到你；走近你，你能给人一片绿荫。树活着是美丽的风景，死去依然是栋梁之材，无论生死都造福于人。

描一描

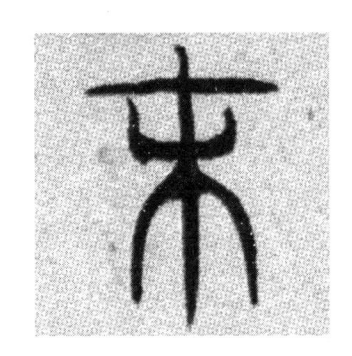

背一背

一年之计，莫如树谷。十年之计，莫如树木。终身之计，莫如树人。一树一获者，谷也。一树十获者，木也。一树百获者，人也。——《管子》

物有本末，事有终始，知所先后，则近道矣。——《大学》

想一想

已经有三百多年历史的同仁堂的古训是：炮制虽繁必不敢省人工，品味虽贵必不敢减物力。从这两句话中你能看出"同仁堂"老字号至今品质不减的原因吗？

做一做

到了假期，你可以去当志愿者，为社会出一份力，为社区做点贡献，这会成为你今后宝贵的财富。

山

——虽久却不远的呼唤

板书依伴阅读

也岳格化
宣五品文

甲骨文中的"山"

古人在失意或得意时，往往寄情于山水之间，游走在名山大川之上，抒发自己的情感。所以山水是古人最亲近的朋友。今天我们就来认识一下"山"。左上图是北宋著名书画家米芾的《春山瑞松图》，描绘了云雾掩映的山林景色，图中白云满谷，远山耸立云端，近处古松数株隐显于云雾中。整幅画显示出春日润湿而有生趣的意境。图中的峰峦云水令人神往，静观耸峙的山峰，形态颇像甲骨文中的"山"。

以下是"山"的字形演变过程。中国古人靠自己的眼睛，把山形容得充满生机。

米芾
书画自成一家，长于临摹古人书法，达到乱真的程度。

篆书"山"（秦·李斯） 　　隶书"山"（汉·曹全碑） 　　楷书"山"（唐·颜真卿）

天人合一

> 山，宣也。宣气散，生万物，有石而高。

之所以这样来解释"山"，是因为山中能升腾雾气，雾气散发，能滋养万物。

山也正因为有了这些升腾、不断散发的雾气而充满了神秘色彩，无数文人墨客进到山中感受山里不一样的风景，于是很多山里也就留下了古人的足迹，"山"这一自然景物便被赋予了更多的人文色彩。走进山中，就好像走进一个人文历史博物馆一样。

"山"这个字最接近山本身具备的形态，连绵起伏，一看到它自然会联想到重峦叠嶂的样子。以"山"为字根的字有"丘"。

"丘"的甲骨文（见左图）跟"山"的甲骨文相比，少了中间的突起部分，恰好突显了中间凹进去的部位。这是为什么？我们来看"丘"的字形演变。篆书，下面一道，代表土地，上面好像山变成了"北"，这是非人为堆筑的高耸土堆。丘陵地形的特点是四周高，中间平坦，人通常居住在山丘南面，所以后背冲着北，因此"丘"的字形为"北""一"组合。

甲骨文中的"丘"

篆书"丘"（民国·王福厂）　　隶书"丘"（汉·史晨前后碑）　　楷体"丘"（晋·王羲之）

"丘"在《说文解字》中的意思是：

> 土之高也，非人所为也。

我们再来看看下面这个字，山上有丘，很容易就能猜到，这是"岳"字。古人写"岳"还这样写——"嶽"，下面的"狱"表声旁，指的是君王用来狩猎的山。

汉字里的国学　〇一〇

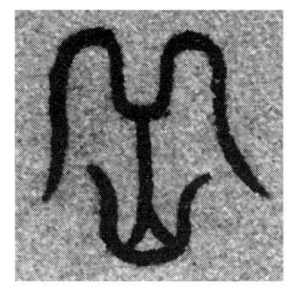

篆书"岳"（元·赵孟頫）　　隶书"岳"（晋·爨宝子碑）　　楷书"岳"（唐·颜真卿）

提到"岳"我们不能不想到著名的"五岳"。它们分别是东岳泰山，西岳华山，中岳嵩山，北岳恒山，南岳衡山。

有人问，中国的高山数不胜数，黄山、庐山、雁荡山，民间有"黄山归来不看岳"之说，那为何偏偏这五座山被尊为"五岳"呢？

《诗经》中有：

> 泰山岩岩，鲁邦所詹。

人们把泰山这座鲁国北面的高山当作鲁国的屏障，因背倚泰山而感到荣幸。

> 嵩高维岳，骏极于天。

只有像嵩山这样险峻的山才算高山。从这些诗句中可以看出泰山、嵩山在古人心目中的地位。

古人推崇五岳自有原因。先来看泰山，它位于华北平原之东，因为与平原、丘陵相对高度相差1 300米，所以视觉上与之形成了强烈的对比，显得格外高大，颇有"一览众山小"的高旷气势。它的山基大，带给人们一种安全感，山形特别厚重，"稳如泰山""重如泰山"正反映了它的特征。那为什么尊称泰山为"五岳之首"呢？这里有个民间传说：开天辟地的盘古氏死了以后，尸体的头向着东方，而且化为东岳，左臂为南岳，右臂为北岳，足为西岳。

实际原因是"山以岳尊，岳为东最"。自汉代我国确立"五岳"以来，泰山就居于"五岳独尊"的地位。

其余四岳也各具特色。南岳衡山享有"五岳独秀"的美名，是中国著名的

道教、佛教圣地，环山有寺、庙、庵、观二百多处。衡山山神是古时民间崇拜的火神祝融，传说他居于衡山，教民用火，化育万物，死后葬于衡山，被称作南岳圣帝。

西岳华山，以险著称，"自古华山一条路"。有人曾说登华山比上天还难，不吃豹子胆，只能望峰兴叹。

北岳恒山山势陡峭，沟谷深邃。深山藏古寺，悬空寺便隐匿其中。悬空寺是北魏后期的建筑，距今 1 400 多年，集建筑学、力学、美学、宗教学等于一体，是中国古代建筑精华的集中体现。寺内共有殿阁 40 间，利用力学原理，巧借岩石暗托，梁柱上下一体。寺内有铜、铁、石、泥佛像 80 多尊，寺下岩石上"壮观"二字，是唐代诗仙李白的墨宝。

中岳嵩山有天下闻名的少林寺，留下了覆盖经济、文化、艺术、宗教、科技的博奥精深的世界历史文化遗产，我们不得不佩服古人"天人合一"精神在嵩山的体现。

古人对"山"的喜爱之情溢于言表，还有很多人干脆隐居在山林之中，做了隐士。对这种隐逸情怀，有一个字形容得好，我们来看看这个字。

甲骨文中的"幽"　　篆书"幽"（周·墙盘）　　隶书"幽"（汉·乙瑛碑）　　楷书"幽"（唐·柳公权）

这就是"幽"字。山中藏了一条丝线，找得到吗？或许找不到，但并不等于没有。所以在《说文解字》中，"幽"的解释是：

> 隐也。

这让我们不禁想到"仙"字。仙人都是高人，修行修为都到达了一定高度，就好像站在高山之上。

看山有很多种角度,苏轼曾在《题西林壁》中这样写道:

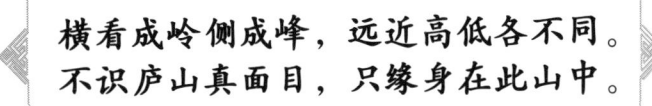

> 横看成岭侧成峰,远近高低各不同。
> 不识庐山真面目,只缘身在此山中。

山的姿态和气质那样丰富,但终归还是那一点,"浑厚稳重,宽阔包容"。这种价值观根植于人们心中。

著名史学家司马迁这样说:

> 人固有一死,或重于泰山,或轻于鸿毛。

山给人的感觉是稳重,仁厚,坚定不移,伟大,沉静不张扬。这正是我们中华民族儿女所应具备的品质,而这种品质不会因为时间的流逝、历史的变迁而改变,这不正像那屹立在华夏大地上的一座座高山吗?每一座高山在没有终止地向人们呼唤,那呼唤的声音虽已久,但绝不远,恰恰就在我们的心上。

描一描

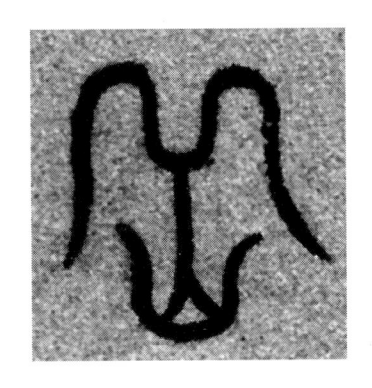

背一背

望 岳
唐·杜甫

岱宗夫如何？齐鲁青未了。
造化钟神秀，阴阳割昏晓。
荡胸生曾云，决眦入归鸟。
会当凌绝顶，一览众山小。

查一查

我国著名的四大佛教名山分别是哪四座？为什么它们这么有名气？有时间一定要去那里看看哦！

水

——自然的圣者

板书依伴阅读

阴中有阳

品格

天人合一

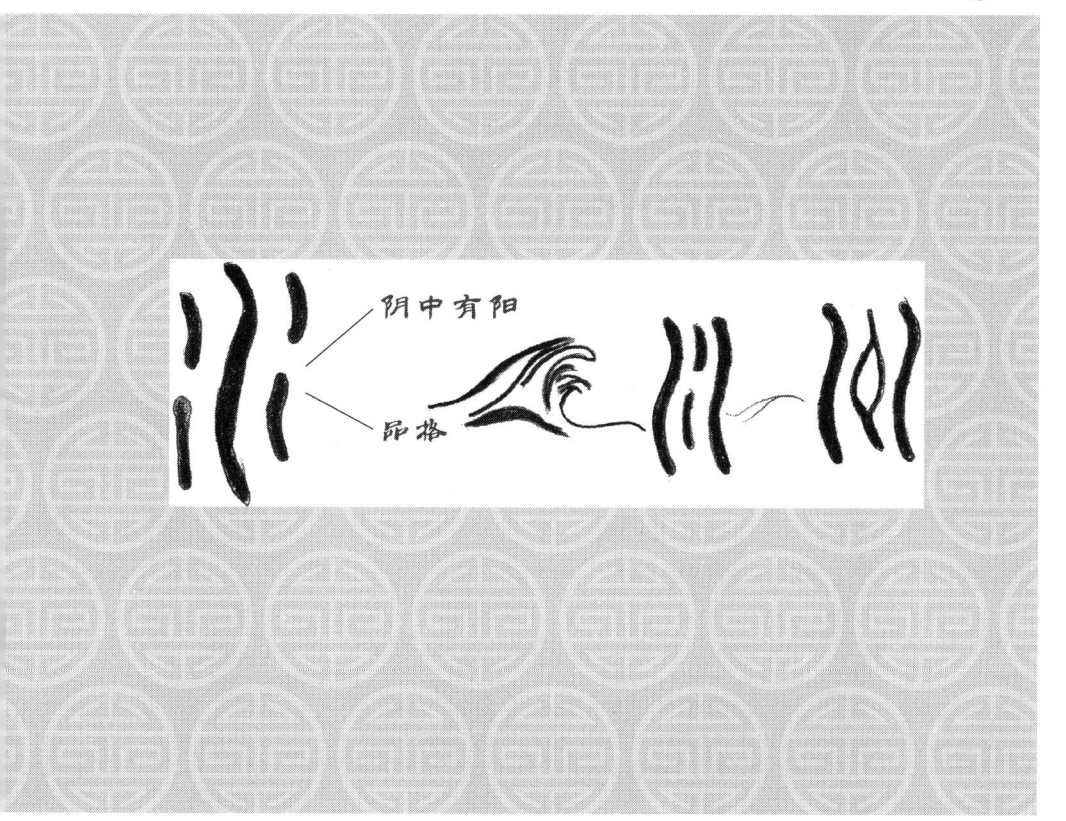

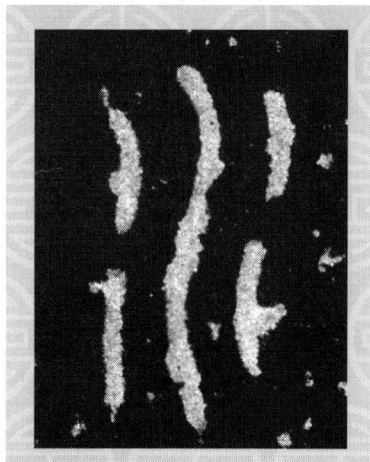

篆书"水"（秦·石鼓文）

在自然界中，水似乎是最柔软的物质，但从中华传统文化的角度来思考，其实"水"也是最坚硬的物质。李白的那首《宣州谢朓楼饯别校书叔云》[①]中，那句著名的诗不就已经证明了吗？

◆ 抽刀断水水更流。◆

坚硬的物质碰到更为坚硬的物质的冲击，恐怕都会受到不同程度的损害。而水呢？你用再坚硬的刀来砍，再锋利的剑来劈也无能为力。水"至柔"，可却能够"滴水穿石"。从中能体会到"刚"到了极处就是"柔"。在安徽广德县太极洞中有一块像卧兔的石头，被上面的水滴滴穿。明代文学家冯梦龙称其为"天下四绝"之一。这很好地诠释了水以柔克刚、锲而不舍的精神。

---

① 《宣州谢朓楼饯别校书叔云》是唐代伟大诗人李白在宣城与叔叔李云相遇并同登谢朓楼时创作的一首送别诗。此诗并不直言离别，而是重笔抒发自己怀才不遇的牢骚。全诗灌注了豪迈超逸的情怀，抒发了诗人怀才不遇的愤懑。

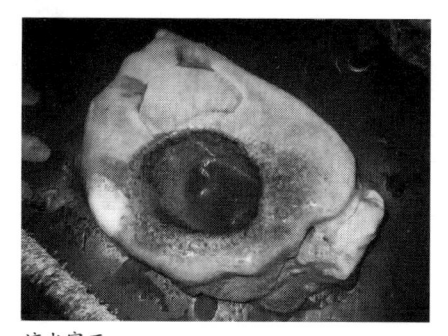

滴水穿石

篆书"水"
（清·吴昌硕）

隶书"水"（汉·曹全碑）

楷书"水"（唐·柳公权）

所以我们可以这样认为，水看似柔软，其实最为坚硬。古人意识到了这点，在造字的时候，把这一内涵也融在了字中。

我们来看"水"的篆书。"水"在阴阳五行当中属阴，在《周易》中，"阴"是由两条线段来代表的，就像这样"— —"。那水既然属于"阴"，就应该都是由断开的线段组成才对，可古人知道，水虽然看上去柔软，但却有坚不可摧的力量存在，所以把"水"这个字中间的线，变成了《周易》当中表现"阳"的一条线段，就像"——"，于是阴阳相结合的"水"字就成了现在这个样子。

正因为"水"具有灵动的品格，所以它的内涵显得特别丰富。

前文提到的水能以柔克刚、滴水穿石还要具备锲而不舍的精神。《荀子》中说：

《锲而舍之，朽木不折；锲而不舍，金石可镂。》

联系我们自己，有时候遇到事情还没有做就已经说"不行"了，更别谈什么锲而不舍了。我们应该坚信，只要方向没错，不要怕路途遥远，慢慢来，有点滴水穿石的精神，总会有结果，最后我们也会对过程中的付出感到欣慰。

水在不断地向东流，中间虽然有曲折，但水始终不放弃目标，就算遇到困难了，也会迂回式地前进。无论怎样，它的目标是非常明确的——向东流。

而我们有些人总是立志，但很快这个志向就消失了，或者说又找到了另外一个志向。还有些人不知道人生方向，不知道自己到底需要什么，没有目标的生活必定是迷茫的。水告诉我们，目标要明确，只要找到了人生方向，就义无反顾，当然，这里不包括错误地执着。

从山间流下的泉水，当遇到大石头横亘在面前时，水分开向两边流，这本是非常自然的现象，却给了我们很大的启示：遇到困难需要有点智慧，困难太大的时候，我们要懂得积蓄力量，等准备好了，再从困难头上迈过去。知难而进是对的，但没有反思的知难而进，是莽撞的。我们可以试着用另外一种方式来对待，比如先暂时放一放，或者换一种策略来考虑，总之在没有足够积累的时候，应该稍微谨慎一些。这就像遇到一个难题，怎么想也解不开，于是放下这道题，换一换脑子，做点别的事，也许从哪里得来灵感就解决了这个难题。当积蓄的力量到达一定量的时候，就能从石头上面一跃而过。

水的适应能力极强，水注入容器中，自然随物赋形，你方我就变方，你圆我就变圆。适应能力是人们建立个人与他人及环境之间的和谐关系的能力。人生中随时都会遇到适应的问题，如果适应得快，就能很好地学习、生活、工作。如果适应得慢，就很有可能处于压力与困惑当中，影响正常的学习、生活、工作。适应能力是需要锻炼的。只要你的心能够修炼得好，其实外部环境变成什么样都不会影响到你。这就是古人为什么让我们修心的原因。

"人往高处走，水往低处流。"这句话前半句是在教育人要不断地向前迈进，而后半句并不是在讽刺水不思进取。正是这后半句话让我们懂得了，水能永远处在低处，提醒我们要保持谦虚的品德。

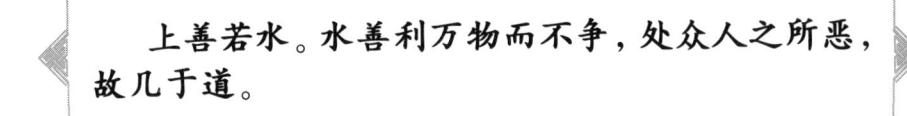

老子①在《道德经》②当中这样评价"水"：

> 上善若水。水善利万物而不争，处众人之所恶，故几于道。

想要做到至善就应该如水一样，滋养万物而从不争，水往低处流，身处众人最厌恶的地方也无怨无悔，所以它是最接近"道"的。古圣先贤在教育我们后代子孙，要拥有像水一样的品德。

做人应该像水一样，至柔之中又有至刚，有能容的胸襟和气度。因此，《说文解字》中对"水"的解释就是：

> 准也。

"水准"二字就是在提醒世间的人们，做人要讲究个程度，讲究个标准，如果人丧失了做人的水准，恐怕这个社会也会乱套。

我们再来看一个字的演变过程。

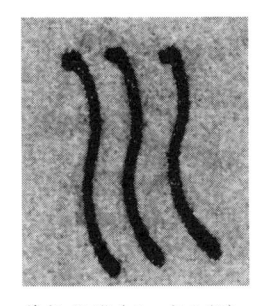

篆书"川"（元·赵孟頫）  　　隶书"川"（汉·华山庙碑）  　　楷书"川"（唐·柳公权）

这个字乍一看，很像"水"，其实是我们常说的"山川"的"川"，从"川"这个字的甲骨文来看（见下页图），好像河道中有一条奔腾不息的河流。后来篆书干脆将其写成了三条曲线，代表流淌的水。"川"在《说文解字》中的意思是：

---

① 老子，姓李名耳，字聃，是我国古代伟大的哲学家和思想家，道家学派创始人，被唐朝帝王追认为李姓始祖。老子乃世界百位历史名人之一，存世著作有《道德经》。
② 《道德经》是中国历史上最伟大的著作之一，对中国哲学、科学、政治、宗教等产生了深刻影响。

> **贯穿通流水也。**

从字义上我们就能感受到水义无反顾奔向大海的状态。

《论语》中曾有这样的记载：

甲骨文中的"川"

> **子在川上曰："逝者如斯夫，不舍昼夜。"**

孔子站在河岸边，看着浩浩荡荡的河水发出感叹：时间就像这奔流的河水一样，不论白天黑夜不停地流逝。

把时间比作流水，是多么恰当的比喻啊！

如果换个角度，我们可以这样想，这是水在告诉我们什么是无法掌控的，什么是失去就再也回不来的。它让我们思考：今生最应该珍惜的到底是什么？也许每一个人都有自己不同的答案。

甲骨文中的"州"

右面这个字还是跟"水"有关系。看上去，好像是"川"中有个小岛，这个字就是"州"，它在《说文解字》里的意思是：

> **水中可居曰州。**

说到"州"这个字，我们会想到：为什么祖国大地被称作"九州"呢？这跟"水"有什么关系吗？

"九州"最早见于《尚书·禹贡》。话说大禹①治水的时候，用的不是堵塞的方法，因为水是堵不住的，他顺着水流，用疏通的方式把国家分成了九个州，根据九个州的分布和所产的东西来向国家缴纳赋税。最后，"九州"便成了全国的代称。

---

① 禹是夏朝的第一位天子，因此后人也称他为夏禹。他是中国古代与尧、舜齐名的贤圣帝王，其最卓著的功绩，就是历来被传颂的治理滔天洪水，又将中国版图划为九州。后人称他为大禹。

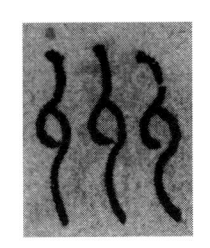

篆书"州"　　　　　　隶书"州"　　　　　　楷书"州"
（元·赵孟頫）　　　（汉·华山庙碑）　　　（唐·欧阳询）

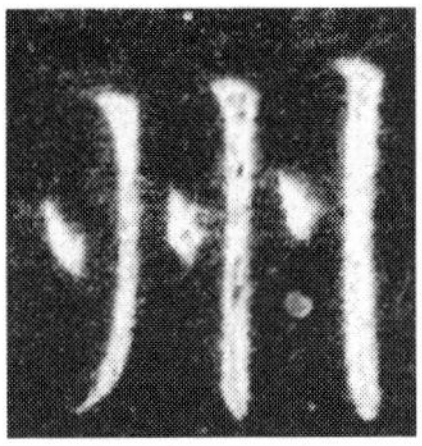

当然，关于九州的定义还有很多，九州州名也有不同的说法，但从古时候传下来的这个"州"字，却让我们感受到在这块神奇的土地上孕育的人们充满了智慧，从古至今各个方面人才辈出，因此称我们的祖国为"神州大地"是不为过的。

水，自然的圣者，以母亲般的爱滋养着地球上的每一个生命，它没有格外眷顾谁，却以独特的方式不断启发着爱它和敬仰它的人们。

描一描

背一背

上善若水。水利万物而不争，处众人之所恶，故几于道。——《道德经》

想一想

把水注入几个不同造型的玻璃杯中，你会发现：水存在的形状跟玻璃杯的形状一样，这是水的什么品质呢？

做一做

1. 成为家里的节水标兵，只要能够循环使用的水，就不要浪费。

2. 在一个杯子中注入水，当水的高度已经与杯沿齐平的时候，再慢慢滴入一些水滴，会发现水面凸出了杯沿但却没有流出来，这在物理领域叫"水的张力"。可以试着做做看。

茶

——「品」一片树叶

板书伴阅读

茶语人生

名称
发现
文化
细品

天人合一

篆书"荼"

楷书"茶"（唐·柳公权）

制茶，是一门功夫，来自同一棵茶树的叶子，可以调制出千变万化的香。白茶，绿茶，红茶，黄茶，乌龙茶，黑茶……中国被称为茶的故乡，不仅因为这里的土地孕育出世界最早的茶树，更因为这里的人们将茶视为一种沟通天地的生命。

在古代史料中，茶的名称很多，唐代陆羽在他的著作《茶经》中有这样的话：

> 一曰茶，二曰槚，三曰蔎，四曰茗，五曰荈。

但"茶"则是正名，其实"茶"字在中唐之前一般都写作"荼"（与"涂"同音）。

仔细看这个字，比"茶"多了一横，《说文解字》中，"荼"的意思是：

汉字里的国学 ｜ 〇二四

> 苦荼也。

后来,给《说文解字》做注的徐铉①、徐锴②兄弟这样解释道:

> 此即今之茶字。

茶这种饮品到底是怎么被发现的呢?

相传神农为了替民众治病,亲自了解各类草药的特性,在一日之内遇到七十二种毒物,后来无意间得到了茶叶,吃了之后,解除了毒性。原来,茶是因其药用价值而被发现的。

把"茶"推到一个高度的是唐代的陆羽。他所著的《茶经》是中国乃至世界第一部茶叶百科全书。《茶经》问世具有划时代的意义,其中不仅详细介绍了茶树的起源、特性、产地、品质、历史,茶具知识,以及茶的加工技术和饮用方法;还传播了茶文化、茶叶科学知识,普及饮茶习俗等。涵盖的内容极广,成为茶史上的经典之作。

作为开门七件事(柴米油盐酱醋茶)之一,饮茶在古代中国是非常普遍的。到别人家做客,主人沏茶时懂得"茶不能沏得太满"。这就是我们常说的"茶七饭八酒满十"。这其中之原因是只斟七分满,留下的三分是情谊———这是中国茶文化的特殊含义。

陆羽
唐代著名的茶学专家,被誉为"茶圣"。

喝茶不说"喝",只说"品"。原因是品茶注重茶的色香味,讲究水质和茶具,喝的时候又要细细品味,能够修身养性,让整个身心安静下来。

茶,在山上吸收日月精华,得其滋养,从茶树上摘下,晾干炒制,生命看似已经终结,但遇到水之后,它又得到了第二次生命。

品茶的乐趣只有真正懂茶的人才能够体会到。一个人面对青山绿水或高雅

---

① 徐铉,南唐至北宋初年文学家、书法家。受诏与句中正等校定《说文解字》。工于书,好李斯小篆。与弟徐锴有文名,号称"二徐"。
② 徐锴,南唐文字训诂学家。平生著述甚多,今仅存《说文解字系传》40卷、《说文解字韵谱》10卷。

的茶室，通过品茶，心神纵横驰骋，物我两忘，"谁解其中味"，可谓乐趣无穷。

描一描

茶

查一查

你知道哪些茶叶的名字？知道它们属于哪种茶吗？

做一做

茶道亦被视为一种烹茶饮茶的生活艺术，一种以茶为媒的生活礼仪，一种以茶修身的生活方式。请在课余时间尝试一下吧。

生死
——逃不掉的对话

板书依伴阅读

儒 释 道

甲骨文中的"生"

当父母的人可能都遇到过孩子这样问:"我是从哪儿来的?"父母为了"掩盖"真相,可能会说,"你是从垃圾箱里捡来的""你是妈妈从大街上拾来的"。

其实细心地想一想,"我从哪里来,又往哪里去"这个问题绝对不是只有小孩子们才问的问题。生与死一直是科学界和哲学界探讨的问题。虽然生死是自然规律,但在死亡未到来之前,活着的人总是对生命终点的未知心存恐惧和疑惑,我们的祖先同样也不例外。

让我们先来看看上图"生"这个字的甲骨文。祖先从自然中观察到大地孕育和滋养万物。当小草从土地里冒出来的时候,一个生命就开始了新的旅程。所以甲骨文中的"生"就是一株小草从土地中冒出来的样子。

《说文解字》中"生"的意思是:

> 進也。象艸木生出土上。

从小草的生长,我们联想到了人。大地就是母亲,"地势坤,君子以厚德载物"。母亲孕育一个宝宝,有如土地孕育一粒种子。万物生长、生机勃勃的样子是令人欢喜的。

一个家族添丁进口，当然也是一件欢喜的大事。

篆书"生"　　　　　隶书"生"（汉·曹全碑） 　　　楷书"生"（晋·王羲之）
（周·四十二年逑鼎乙）

东晋著名画家顾恺之①所画的《女史箴图》②第六段的内容为：夫妇并坐，侍妾围坐，群婴罗膝。插题箴文是"夫出言如微"至"则繁尔类"，意思就是指后妃不妒忌则子孙繁多。

唐代诗人李白也在《春夜宴从弟桃花园序》③中说道：

顾恺之·女史箴图（局部）

会桃李之芳园，序天伦之乐事。

这其中所提到的天伦之乐，就是一个家族最为幸福的事情。

相反，死亡的到来，就会给活着的人带来无限的悲伤。死，本来是一个人生命的终结，但我们祖先在造"死"这个字的时候，不只是在说明一个人停止了一切生命活动。从下页图中"死"的甲骨文我们能看出："死"字的一边是死人的尸体，一边是活着的人在旁边跪拜哀悼。很显然，古人造"死"这个字是把活着的人和死

---

① 顾恺之，东晋著名画家，博学多才，擅诗赋、书法，尤擅绘画。精于人像、佛像、禽兽、山水等，时人称之为三绝：画绝、文绝和痴绝。顾恺之作画，意在传神，其"迁想妙得""以形写神"等论点，为中国传统绘画的发展奠定了基础。
② 我国东晋绘画作品。作者顾恺之。原作已佚，现存有唐代摹本，原有12段，现存《女史箴图》仅剩9段，为绢本，设色，纵24.8厘米、横348.2厘米。此图依据西晋张华《女史箴》一文而作，原文12节，所画亦为12段，每段画一个故事，是描写古代宫廷妇女的节义行为、标榜封建"女德"的作品。作品注重对人物神态的表现，用笔细劲连绵，色彩典丽、秀润。
③ 李白与堂弟们在春夜宴饮赋诗，并为之作此序文，文章以清新俊逸的风格、转折自如的笔调，记叙了作者与诸位堂弟在桃花园聚会赋诗、畅叙天伦一事，慷慨激昂地表达了作者热爱生活、热爱生命的人生追求和积极乐观的人生态度。

了的人放在一起去看待的。这似乎不是在强调"死",而是更强调活着的意义。

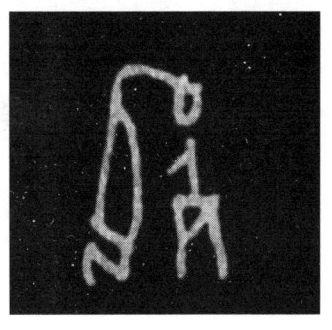

甲骨文中的"死"

祭拜死去的人,绝不是迷信。祭奠先祖是中华民族千百年来传承的礼俗。曾子[①]有言:

> 慎终,追远,民德归厚矣。

这句话宋代大儒是这样解释的:慎重地办理父母的丧事,虔诚地祭祀远代祖先,百姓的品德归于淳朴厚道。后来也指谨慎从事,追念前贤。它是在告诉后人,追念祖先留下的宝贵人生经验,以提醒自己今后做人做事的态度和方法。

在清明时节,我们会祭奠先人,追思先祖,感恩当下,净化心灵。林语堂[②]曾说祖先崇拜相当于中国人的宗教,言之有理。

下面我们就来看儒释道三大思想流派如何认识生与死的问题。

儒家思想,是中国古代思想中最为主流的思想,那儒家的创始人孔子如何看待生死呢?在《论语》中,孔子和弟子子路有这样一段对话:

篆书"死"（周·伯宽父盨乙）　　隶书"死"（汉·乙瑛碑） 　　楷书"死"（汉·钟繇）

---

① 曾子,中国古代著名的思想家,孔子的早期弟子之一,也是儒家学派的重要代表人物。
② 林语堂,中国现代著名作家、学者、翻译家、语言学家。

> 季路问事鬼神，子曰："未能事人，焉能事鬼？""敢问死？"曰："未知生，焉知死？"

子路①问："老师，鬼神应该怎么对待？"孔子答道："连人都没有侍奉好，谈何鬼神。"子路又问："老师，死亡是怎么一回事？"孔子说："连活着的事情都没有明白，谈什么死？"

就因为这段对话，有人说孔子是一个不敢直面死亡的人，这真是个误会。孔子怎能不知生死的道理，只是他不说而已，因为他是一位懂得因材施教的老师，子路是一个英勇果敢之人，好尚武力，面对这个冲动的人，孔子评价：

> 野哉，由也。

孔子谈话的对象是行为不太冷静的子路，于是他用这样的方法来教导子路看待生死问题。那孔子对待生死到底是什么态度呢？倒是在《列子》②中，我们找到了记载孔子关于死亡的看法：

> 子贡倦于学，告仲尼曰："愿有所息。"仲尼曰："生无所息。"子贡曰："然则赐息无所乎？"仲尼曰："有焉耳。望其圹，皋如也，宰如也，坟如也，鬲如也，则知所息矣。"子贡曰："大哉死乎！君子息焉，小人伏焉。"仲尼曰："赐！汝知之矣。人胥知生之乐，未知生之苦；知老之惫，未知老之佚；知死之恶，未知死之息也。晏子曰：'善哉，古之有死也！仁者息焉，不仁者伏焉。'"

---

① 即仲由，字子路，又字季路，"孔门十哲"之一。以政事见称，为人伉直，好勇力，跟随孔子周游列国，是孔门七十二贤之一。
② 《列子》又名《冲虚真经》，是战国早期列子、列子弟子以及其后学所著，其学说被古人誉为常胜之道。该书是先秦思想文化史上著名的典籍，属于诸子学派著作。

子贡^①对学习感到疲倦，问："老师，我能休息一会儿吗？"孔子说："人生没有休息。"子贡又问："老师，那我就没有休息的时候了吗？"孔子说："有机会的，你看原野上，高起来的地方，像坟墓，像土丘，像倒扣的锅，就知道休息的时候了。"子贡说："死亡真伟大，君子可以借此休息，小人可以借此灭亡。"孔子说："子贡呀！你明白了。人们都知道活着的快乐，不知活着的辛苦；知道年老时的疲惫，不知年老时的安逸；知道死的坏处，不知道死了就可以休息了，不用这么累了。晏子说：'自古就有死亡，真是一件好事呀，仁者得到安息，不仁者得以灭亡。'"

孔子没有否定死亡对于人生的意义。他一方面教导人们按礼仪安葬尸体，让人的肉身在土地中得到深深的慰藉，另一方面，又鼓励人们按礼仪祭祀来追怀逝者。

相对于儒家的理性和平和，道家的生死观则显得无比超脱，他们认为死亡不再是一场令人震惊、无法理喻的噩梦。在《庄子》中这样记录：

> 庄子^②妻死，惠子吊之，庄子则方箕踞鼓盆而歌。

一种新的、乐观的死亡哲学就以这样惊世骇俗的方式登场。庄子的妻子死去，惠子上门吊唁，发现庄子张开两腿坐在地上，手中拿着一根木棍，面前放着一只瓦盆。庄子就用那根木棍一边有节奏地敲着瓦盆，一边唱着歌。庄子认为不以生为喜，不以死为悲，人生不过是从无气到有气，从无形之气到有形之气，从无生之形到有生之形这样一个生命的有序过程，而死亡则是这种演化的回归，生死皆为人生问题的极限，最好还是看开一点。

庄子

而佛家看待生死问题是最为宏观的，认为人其实没有生死。生死只发生于肉身，而肉身坏掉之后，其中的神识便根据这个人一生所造的"业力"而流转在六道轮回之中，如果你在活着的时候参透了佛理，彻底明白了生与死的真相，那就会彻底脱离六道轮回，生死就不存在了。

---

① 子贡，孔子的得意门生，孔门十哲之一，"受业身通"的弟子之一，孔子曾称其为"瑚琏之器"。
② 战国中期著名的思想家、哲学家和文学家，是道家学派的主要代表人物之一。

以上分别从儒、释、道三家的角度来说明生死观。回到现实世界，我们也从一个最为普通的境界来观生死。中国从古至今有很多仁人志士，为了自己的信仰，为了祖国而不惜牺牲自己的生命。西汉著名史学家司马迁①曾经说：

> 人固有一死，或重于泰山，或轻于鸿毛。

那些为了人民大众的利益而牺牲的人，死的价值是重于泰山的。毛主席也曾在《为人民服务》中提到：

> 死人的事是经常发生的。但是我们想到人民的利益，想到大多数人民的痛苦，我们为人民而死，就是死得其所。

而著名作家臧克家②的那首《有的人》告诉人们，到底什么是真正的生，什么是真正的死：

> 有的人活着／他已经死了／有的人死了／他还活着／……有的人／他活着别人就不能活／有的人／他活着为了多数人更好地活／

臧克家

我们是幸运的人，生活在和平的环境之中，但仍然摆脱不掉生死的问题。摆在人们面前的是，面对死亡，究竟持什么态度才是有智慧的。启功③老先生的态度可以给我们一点启示。很早的时候，他就潇洒和幽默地写下了自己的墓志铭：

启功

---

① 西汉伟大的史学家、文学家、思想家。创作了中国第一部纪传体通史《史记》。
② 臧克家，闻一多的学生，现代著名诗人。
③ 中国当代著名书画家、教育家、古典文献学家、鉴定家、红学家、诗人。

> 中学生，副教授。博不精，专不透。名虽扬，实不够。高不成，低不就。瘫趋左，派曾右。面微圆，皮欠厚。妻已亡，并无后。丧犹新，病照旧。六十六，非不寿。八宝山，渐相凑。计平生，谥曰陋。身与名，一齐臭。

一次在京西宾馆开会，启功与几位朋友一起去八宝山为一位故去的友人送别。回到京西宾馆，他就在沙发上躺下了。大伙儿关心地问他怎么啦？他说："就当我现在去世了，你们来说'你安息吧'，我立马站起来致答谢词。"多么幽默豁达的老人啊！

同样，著名的相声艺术大师马三立[1]，在活着的时候曾经跟自己的墓碑照过一张相片，在这位老人心中，早已看透和放下了"死"这件事，人越往终点走，脚步越轻松。

人终有一死，那是生命的终点，如果还没有走到终点，为什么不认真思考一下如何在生命的过程里更加有价值呢？现如今，很多人总怀着一种心态，以"及时行乐"来糊弄和糟蹋生命，也有人因为找不到生活的目标而浑浑噩噩地度过每一天，这样，生命存在的意义和质量就大大地降低了。我们为什么要让自己在临终时留下更多的悔恨和懊恼呢？不应该让这个鲜活的生命在这个世界上留下些什么吗？

《尚书》[2]这部经典曾经记载了人生在世拥有的"五福"：一曰寿，二曰富，三曰康宁，四曰攸好德，五曰考终命。

"长寿"是命不夭折而且寿数绵长；"富贵"是钱财富足而且地位尊贵；"康宁"是身体健康而且内心安宁；"攸好德"是心性仁善而且顺应自然；"考终命"是安详离世而且侍终以礼。前四个福气是人活着的时候都盼望有的，而最后一个"善终"，是不容易得到的。

生与死，人类思考辩论了几千年，至今没有结束，也永远不会结束。

---

[1] 马三立，相声大师。创立了独具特色的"马氏相声"，是当时相声界年龄最长、辈分最高、资历最老、造诣最深的人。

[2] 《尚书》，先秦历史文献，以记言为主。记录了自尧舜到夏商周时的一些重要言论、事件。

描一描

篆书"生"

背一背

人固有一死，或重于泰山，或轻于鸿毛。——司马迁

想一想

1. 你是否知道现代扫墓的礼节？
2. 你认为什么样的人的死是"轻于鸿毛"的？

查一查

有的地方把丧葬仪式办得特别奢侈，孔子对这样的现象是怎样看的？

做一做

在家中养一盆花，不要直接养现成的花草，要从埋种子开始做起，观察生命是如何破土而出的，悉心呵护这个生命，看着它成长。

一二三四五
——汉字"数"中的玄机

板书陪伴阅读

甲骨文中的"一""二""三"

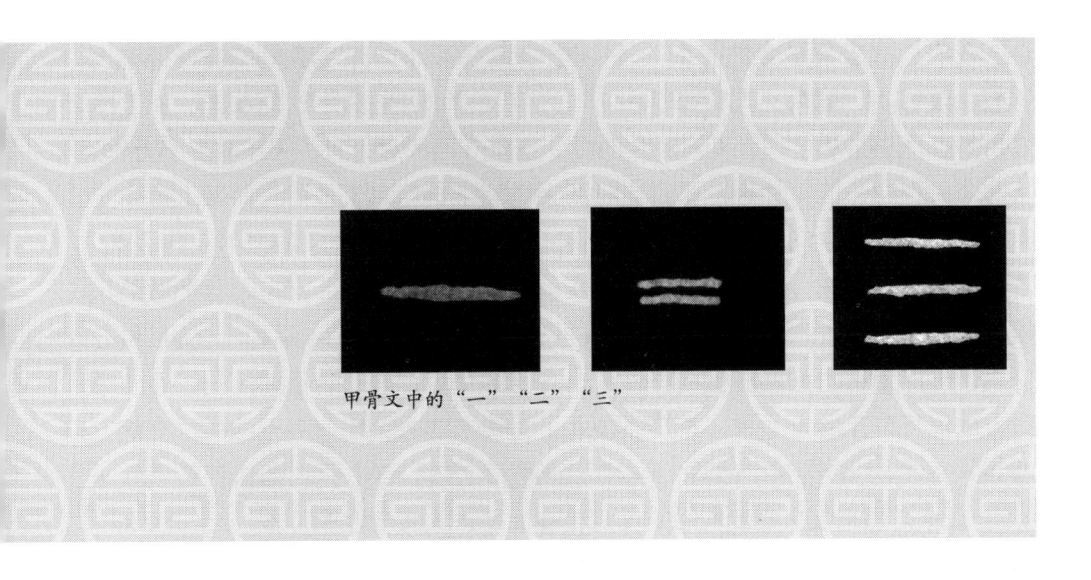

当我们用汉字写数字时，没有觉得有什么神秘之处。但当我们了解到古人赋予它们的丰富内涵的时候，才知道数字对于中国人来说真的很重要。

我们先来看看"一""二""三"吧。它们在甲骨文中的写法跟我们小时候在地上画道道是一样的。

注意看，这些字跟我们现在所写的规范字没有太大区别，只是要关注长短就可以了。"二"是两条相同的横道，三是三条相同的横道。看上去，好像小朋友在地上记数字一样简单，但关于这三个字的解释就非常有学问了。

"一"在《说文解字》中的解释是：

> 惟初太始，道立于一，造分天地，化成万物。

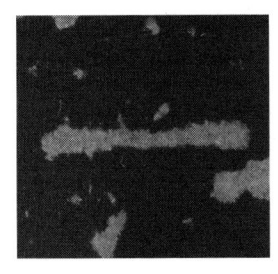

篆书"一"（秦·石鼓文） 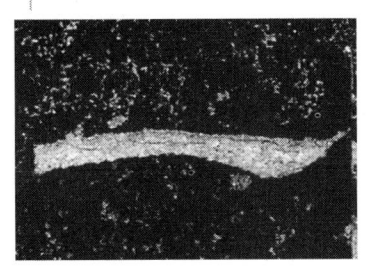　　隶书"一"（汉·乙瑛碑） 　　楷书"一"（汉·钟繇）

〇三七　天人合一

在我们看来很平常的一个"一"，数字而已，却在许慎笔下被解释得充满智慧，解释中，惟初、太始都是"一"，"一"表示自然最原始的状态，而万事万物的道理都是从"一"里面产生的。它造化分出天地，有了天地就有了万物。从这个解释中，能深深地感受到当时的人已经把自己对天地的理解融入这个字中。而我们现在从科学的角度来理解这个字，这就是个抽象的符号，代表数。古人也把它当作数，这一条横道，其实就是"算筹"，"筹"就是用竹子做的小棍。我们经常听说"运筹帷幄之中，决胜千里之外"，所谓"运筹"，就是两方交战，出谋划策的人就权衡利弊，考虑自身的优势，顾及自己的短板，再考虑对方的优势以及弱点，用"算筹"在桌子上摆来摆去，比如对方的兵没有我方的兵人数多，我方"胜一筹"，可对方的地形比我们要占优，那么他们"胜一筹"，就这样摆来摆去，我们必须比对方多一筹，才有"胜算"。

从深刻的哲学角度来讲"一"，先要谈谈老子在《道德经》中的那句名言：

> 道生一，一生二，二生三，三生万物。

老子用数来代表天地万物演化的原始历程。所谓"道生一"，"一"是道进入演化历程所表现的第一个形态，它与"道"的关系不即也不离。不离是说"一"与"道"仍处于混沌状态，而道开始演化，就有了"二"。就有了天与地，即为阴阳。有了阴与阳，就自然生出万物，我们人也就出现了。

知道了"一"，我们再看"二"。"二"在《说文解字》中的含义是：

> 地之数也。

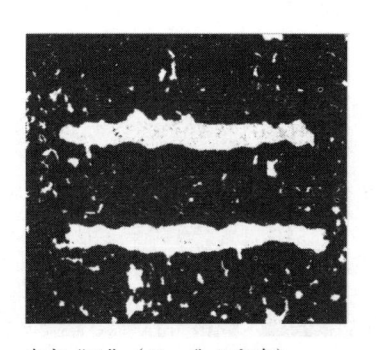

隶书"二"（汉·华山庙碑）　　楷书"二"（晋·王羲之）

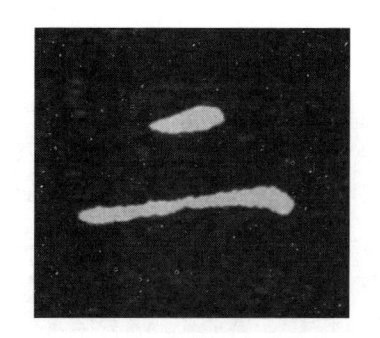

之所以说它是地之数，这也要从阴阳开始说起，古时，天为"阳"，地为"阴"，而数字中奇数为"阳"，偶数为"阴"。

段玉裁在《说文解字注》中这样注释道：

> 有一而后有二。元气初分，轻清扬为天，重浊阴为地。

有了一，后来造分天地，就有了"二"即天与地。元气最开始分开，轻飘的上扬，成为天，浊重的下沉，成为地。

我们再来看"三"这个字。它在《说文解字》中的意思是：

> 天地人之道也。

有了天与地，中间就演化出万物中最有灵性的人。《三字经》里说的好：

> 三才者，天地人；三光者，日月星。

"三"这个数字就代表了一种概念，在"三中"，有了人的存在，有了人，万事万物就都能表现出来了。"三生万物"便是这个含义。可见中国古人的思想观念里的确有"以人为本"的意识。

篆书"三"（清·邓石如）　隶书"三"（汉·乙瑛碑）　楷书"三"（晋·王羲之）

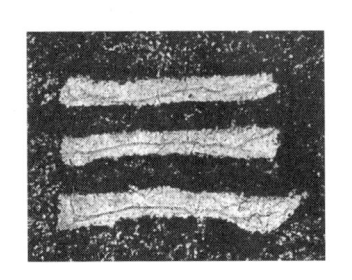

说完了"三"，再说说"四"。看到"四"最初的样子，会让我们想到有这样一个笑话。

过去有个财主不识字，请了一位教师来教儿子。教师教他儿子写字，写上一画时，教师告诉他这是"一"字；写上二画时，告诉他这是"二"字；三画

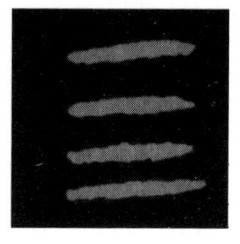

甲骨文中的"四"

就是"三"字。财主的儿子听了，扔下笔高兴得跳起来说："识字很简单，何必要请教师呢！"财主听从儿子的话，就把教师辞退了。隔了几天，财主请一位姓万的朋友来家吃饭，叫儿子写个请柬。财主的儿子一早就动笔写，大半天还没有写成。财主着急得很，接连去催他。财主的儿子很不耐烦地嘟囔着说："姓啥不好，偏偏要姓万。我从早上到现在，才写了五百多画哩。"

现在问题出来了，为什么后来"四"这样写呢？因为毕竟画四条横道表示数字太烦琐，于是后来人们借用了"四"这个字，"四"一开始代表鼻孔，表示气息从鼻孔中出来。"涕泗横流"这个词大家可能听说过，"涕"其实不是鼻涕，而是眼泪，而"泗"才代表鼻涕，鼻涕是液态，所以在"四"边上加了个水。

篆书"四"

而东汉的许慎在《说文解字》中解释"四"的意思是：

阴也。象四分之形。

篆书"四"（秦·李斯） 　　隶书"四"（汉·乙瑛碑） 　　楷书"四"（唐·褚遂良）

四为偶数，属"阴"。数按偶奇分阴阳的观念出自《周易》。口像四方，里面像八，所以说像四分之形。后来，"四"这个字就被用来当作数字了。"四"这个字现代人不是很喜欢，因为它与"死"谐音，其实古人并没有这般想，因为古人表达"死"的意思，会用"卒""崩""薨"……在中华民族的传统观念里，"四"是吉祥、完美、周全的意思，取"事事（四四）如意"之义。因此用"四"来命名的东西是很多的，如"四书"，"四诗"，战国"四君子"，古代"四大美女"，文房四宝，天地四方，一年四季，岁寒四君子……所以并没有将"四"与"死"联系起来。

我们再来看看"五"这个字,如果这个字还是用画横道的方式来表现,那未免就有些笨了。古人懂得:

> 远取诸物,近取诸身。

到了"五"这个数字的时候,就要变化一下了。我们的手有五根手指,它算作一个整体,所以最初"五"的写法是如左下图这样的。这样的写法有个麻烦的地方,就是会跟后面的某个数字写法混淆,于是古人又在上面和下面各加了一横,变成了右下图这样的写法。

篆书"五"(元·赵孟頫)　　隶书"五"(汉·华山庙碑)

"五"在《说文解字》中的意思是:

> 五行也。从二,阴阳在天地间交午也。

意思就是金、木、水、火、土五行。以"二"为字根,"二"表示天地两极,"乂"代表阴气和阳气交错,"五"表示阴阳两气在天地间交错。

古人把宇宙万物划分为水、火、木、金、土五大类,并把它们称为"五行"。《尚书》中记载:

> 五行:一曰水,二曰火,三曰木,四曰金,五曰土。

古人不但将宇宙万物进行了分类,而且对每类的性质与特征都做了界定。后人根据对五行的认识,又创造了五行相生相克理论。古代哲学家用五行理论

楷书"五"（唐·柳公权）

来说明世界万物的形成及其相互关系。它强调整体概念，相生就是金受热化为水，水浇润草木枝叶繁茂，木点燃为火，火温了土，土中埋金。相克就是金为刀使木成形，木插入土里，土阻挡水流，水浇灭火焰，火能熔金变形。

古人用这样的理论，描述事物的运动形式以及转化关系。事物在不断地变化，存在着矛盾统一的关系，这就是哲学。

很显然，前五个数字的含义，大多与古人对天地宇宙的认识联系在一起。我们能看出祖先对天地自然的敬畏，视野是非常宏观的。这也给后人认识世界、看待世界提供了帮助。

描一描

篆书"五"

想一想

有很多带数字的成语，你能说出多少个？

查一查

关于五行相生相克的理论运用在饮食上，有哪些注意事项？

六七八九十
——果然神妙

板书依伴阅读

（图：篆书"六七八九十"合体字，标注：顺、发、变、大、全）

天人合一

我们先来做个游戏，看看本页甲骨文中的 5 个汉字，猜猜它们分别代表数字几？

汉字里的国学 ｜ ○四四

不知你是否认识，这就是六、七、八、九、十最初的写法。随着时间的推移，人们对这几个汉字稍加改动。"六"被改造成右图这样：

它很像"四"大篆的写法，只是上面加了个头而已。"六"这个字在《说文解字》中的解释是：

> 《易》之数，阴变于六，正于八。

大篆"六"（汉·袁安碑）

意思是"六"这个数字是《周易》中常用的数，阴爻称为六，即阴爻的变数为六。

隶书"六"（汉·乙瑛碑） 　　楷体"六"（唐·柳公权）

中国人很喜欢"六"这个数字，大概因为成语"六六大顺"，其实这个成语来自《周易》。《周易》中"六"代表阴爻（"九"代表阳爻），六个六为"坤"卦，上六爻，是大不顺的卦象。因为不顺，所以人们就说六六大顺，来表达心中的期望。当然，《左传》中这样说：

> 君义，臣行，父慈，子孝，兄爱，弟敬，所谓六顺也。

经典中说，只要做到上面这几点，肯定顺。

再来看"七"，都说逢七必变。看看它是怎么变的。

篆书中，我们看到七很像现在的"十"，正因为这几个汉字的笔画容易混，所以后来人们在"七"下面加了个弯儿，以跟其他数字区别开来。

篆书"七"（汉·袁安碑）

"七"在《说文解字》中的意思是:

> 阳之正也。从一,微阴从中邪出也。

邪,通"斜"。"七"是阳的正数。字形采用"一"作字根,"一"表示阳气,折笔表示微弱的阴气从中斜斜冒出。

七这个数字,中国人还是挺喜欢的,比如做生意相当不错的温州人,喜欢七甚至超过八,因为他们信奉七上八下,七代表七翘,是上进的意思。那中国古人是如何看待这个数字的呢?

在三星堆出土文物中,我们也能看到祖先对"七"的崇拜。人类文化早期的长度单位,通常取自部落首领或国君帝王的身体某肢体器官的长度,例如一拳、一肘、一臂、一足等。有迹象表明,在三星堆文化里,其长度基本单位为一拳,合现在的 10 厘米,以及一臂,长度为七拳,合现在的 70 厘米。值得注意的是,三星堆出土的金杖,其一端有浮雕图案,从纵向来看,该图案分为完全相同的两组,内容依次是头戴高冠的人头像、翎、鸟、鱼、翎、鸟、鱼,共计七个图像单位。其文化内涵是,部落首领或帝王有权发布捕猎的命令。这个代表权力的金杖,可能具有对数字七崇拜的内涵。

金杖

"七"在民俗中,特别是丧葬习俗中也有很多讲究。比如人死从咽气那天算起,每七天就是一个祭日,第一个七天叫头七,第二个七天叫二七,直到第七个七天叫尽七。

还有一个很重要的与"七"有关的节日——七夕。农历七月七日相传是牛郎织女鹊桥相会的日子。人们会抬头仰望星空,寻找银河两边的牛郎星和织女星……

再来看现今大部分中国人最爱的数字"八",在《说文解字》中,"八"的意思是:

> 别也。象分别相背之形。

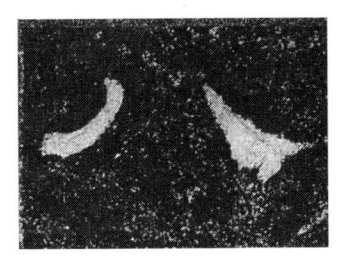

隶书"八"（汉·袁安碑） 　　　　楷书"八"（隋·智永）

翻译成白话，就是划分、区别。

"八"像一分为二、相别背离的形状。现代人不关注"八"是不是分开的意思，而是关注"八"的读音跟"发"很相近。于是任何带"八"的数字都格外受欢迎。

该讲到个位数中最大的数字"九"了。"九"的寓意就太深广了。

大篆"九"（周·大盂鼎） 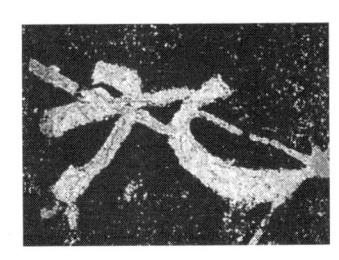　　　隶书"九"（汉·乙瑛碑） 　　　楷书"九"（汉·钟繇）

先来看看它在《说文解字》中的含义：

> **阳之变也。象其屈曲究尽之形。**

意思就是：阳的最大变数。字节像事物曲折变化直至穷尽的样子。我们可以看出，大篆"九"的写法是龙形图腾文化的文字，继而演化出"神圣""吉祥"之意，再往后就被借用为大数。《周易》把一到十分为奇数和偶数，按照中国古代"阴阳"的说法，奇数为阳，偶数为阴；奇数象征天和阳性事物，偶数象征地和阴性事物。由于九是个位数字中最大的一个，它在中国被认为至阳的虚数、极数，常表示最多、无数的意思，如：九天、九重霄、九重天（形容天非常高）、九盘（形容弯曲的道路）、九幽（形容极遥远幽深的地方）、九牛一毛、九死一生、九九归一等。有的人总是弄不明白什么叫"九九归一"，《黄帝内经》中的话给出了回答：

> 天地之至数，始于一，终于九焉。

中国是最早采用十进制计数的古代国家。九被看作同一数量级中的最大单位。因此古人喜欢将九视为无限大，认为"九"是最高数，超过九，就要进一位，又回到"一"了。因此，自古至今，常用"九"表示"多"。

例如，"九合诸侯"，这是历史上记载的齐桓公会合诸侯的故事，"九"并不代表九次，而是多次；"九曲黄河"并不是说黄河有九道弯，而是有很多弯；"九死一生"中的"九死"并不是死九次，而是历经很多磨难；"九牛一毛"中的"九牛"也不是说有九头牛，而是表示牛的数量多；古人所说的"天为九天、地为九州、月行九道、日有九光"中的"九"也都表示多。

历代皇帝更爱"九"，他们穿九龙袍，造九龙壁，想使其天下永久。举世闻名的故宫简直是九的王国：三大殿（太和殿、中和殿、保和殿）的高度都是九丈九尺；故宫内各宫殿与大小城门上金黄色的门钉，也都是横九排、竖九排，一共九九八十一颗；台阶的级数也是九或九的倍数；故宫内宫殿房屋总数为九千九百九十九间（半）。天坛、颐和园等皇帝所到之处，建筑也多以"九"为基数。

最后我们来看看"十"，古人一开始写"十"就是一竖，后来发展为在这个字上加个点，代表一个整十。

甲骨文中的"十"

篆书"十"（周·伯吉父簋）

隶书"十"（汉·乙瑛碑）

楷书"十"（隋·董美人墓志）

"十"在《说文解字》中的意思是：

> 数之具也。一为东西，｜为南北，则四方中央备矣。

许慎说得非常清楚，表示十进制所需数都已具备。"一"代表世界的东西，

"丨"代表世界的南北，"一"和"丨"相交成"十"，则表示东西南北中齐备。大概"十全十美"这个词美好的含义就是从这里生发出来的。

汉字中的数，并不像我们想象的就仅仅是几个计数的数字，它们深厚的含义融在我们中华文化的血脉之中，这大概就是它们一直影响着人们生活的原因吧。

描一描

查一查

1. 你知道哪些带"六""七""八""九""十"的成语？它们分别是什么意思？为什么是这些数字组成这些词语呢？

2. 中国古人说，逢七必变，去看看，在中国历史上，有没有这种巧合。

做一做

假期参观一次故宫博物院，看看那里还有什么与"九"有关系。

一才之能

人

——一才之能

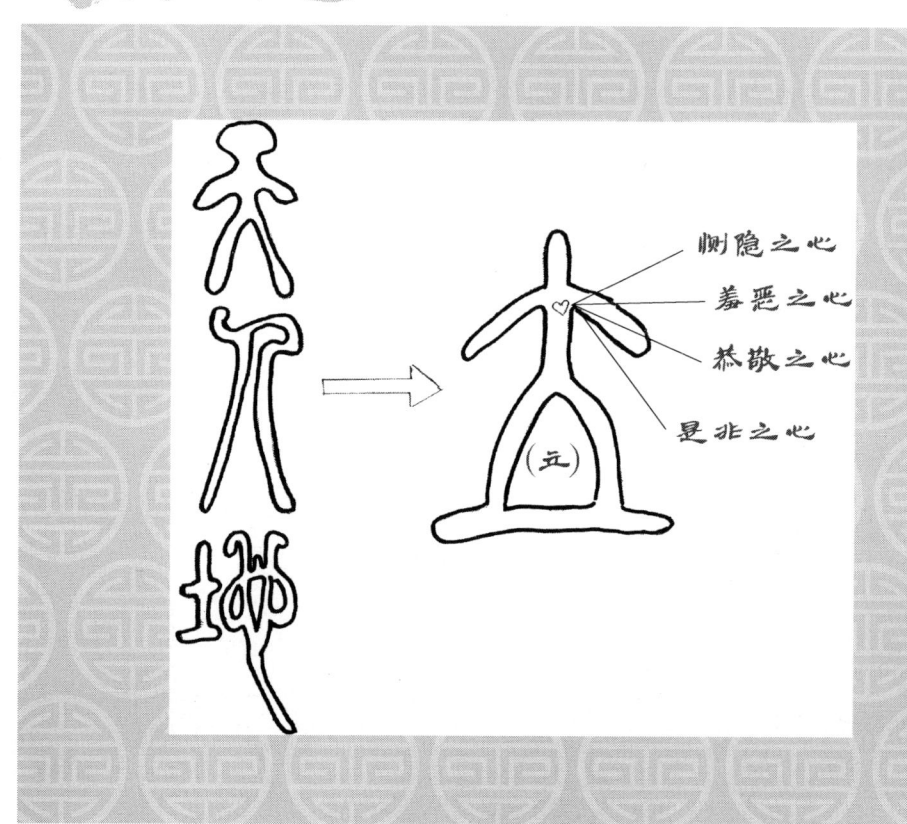

板书俗伴阅读

恻隐之心
羞恶之心
恭敬之心
是非之心

甲骨文中的"人"

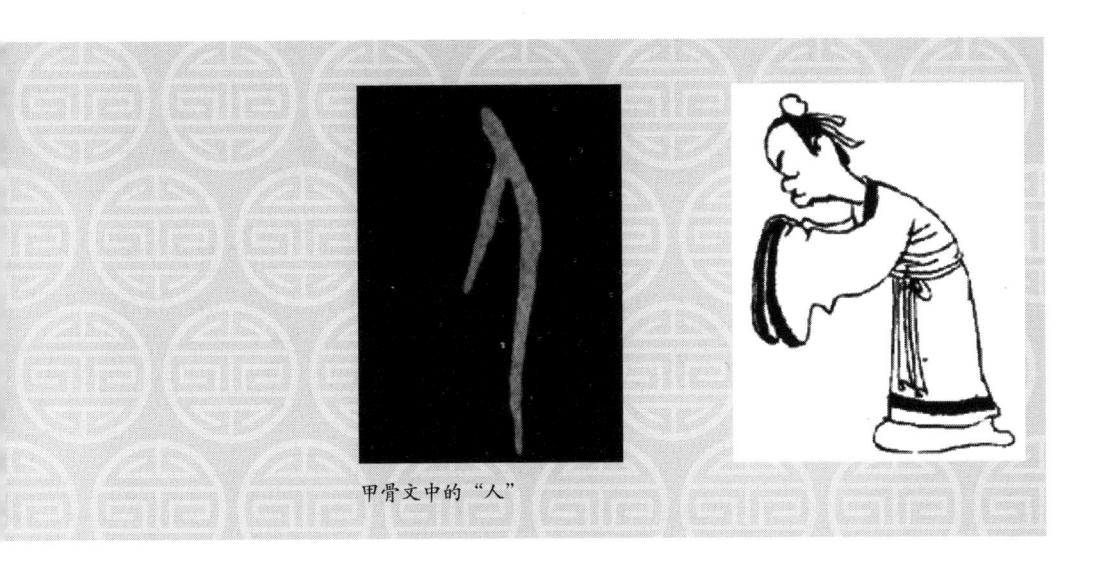

小时候开始学习认字，一定是从简单的字开始认起，比如"一"啊、"人"啊。说到人，我们虽然可以很快记住这个字，但对这个字结构的深意却不一定了解太多。

上图甲骨文中的"人"字，是侧面的鞠躬行礼之人，中国自古就是礼仪之邦，对人谦卑恭敬。所以造字时，这层含义就包含在其中。

如果给"人"下个定义那应该是什么呢？我们先来看东汉许慎在《说文解字》中给"人"下的定义吧：

天地之性最贵者也。

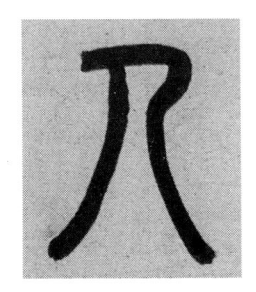

篆书"人"（元·周伯琦）　　隶书"人"（汉·华山庙碑）　　楷书"人"（汉·钟繇）

人在自然中品性是最为高贵的。由此我们能联想到《三字经》中所说的：

> 三才者，天地人；三光者，日月星。

"天"是指万物赖以生存的空间，包括日月星辰运转不息，四季更替不乱，昼夜寒暑依序变化。"地"是指万物借以生长的山川大地以及各种物产资用。"人"是万物之灵，要顺应天地以化育万物，最终达到"神于天，圣于地"的理想境界。

《礼记》中更有这样的表达：

> 人者，天地之心也。

可见中国古人是非常重视"人"的价值的。

下面，我们再来看一个字。

甲骨文中的"大"

这个字便是"大"，它是人面向前方伸出双臂的样子，好像要拥抱自然。什么是真正的"大"呢？古人云：

> 其大无外，其小无内。

大到根本看不到边界，小到你看不到里面。那到底什么是最大的？什么看不到边？我们会瞬间想到"天"。古人知道天无边，但没有把"天"誉为最大的，而强调天很高。

右侧是"天"大篆的写法，下面是个正面的人，而头顶之上都可称作是"天"。因此《说文解字》给出的"天"的定义是：

> 颠也。

定义强调天的高度，所以一国之君也叫天子，以说明他拥有至高无上的权力和地位。

那到底什么能证明"大"呢？

我们要从一张照片说起。下图是希腊阿波罗神庙的遗址。在阿波罗神庙的门楣的石板上用古希腊文刻着一行字"认识你自己"，传说这句话是雅典城建成时神留给人类的箴言。直到今天，这行字仍然依稀可见，看起来这么简单的几个字，好像成了人类最难解释的一个问题。

篆书"天"（周·南宫乎钟）

希腊阿波罗神庙

古希腊文

是啊，我们认识自己吗？到底什么才能代表我们自己？名字？地位？金钱？都不是，最后才发现是人的"精神"。

中国人注重内在，注重精神世界的丰盈，也只有精神世界可以无边无际。这里包括人的智慧、美德、灵性……

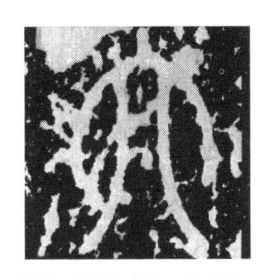

篆书"大"（秦·李斯） 　　隶书"大"（汉·曹全碑） 　　楷书"大"（唐·柳公权）

既然人的潜能无穷尽，人的智慧和美德无穷尽，《道德经》中这样一段话就别有一番韵味了：

> 故道大，天大，地大，王亦大。域中有四大，而王居其一焉。

天地万物的规律无穷尽，天无边无际，地广袤无边。天地之性以人为贵，而王是人之主也，所以与道、天、地并列。

于是，许慎在《说文解字》中这样给"大"下定义：

> 天大，地大，人亦大。

我们现在看，这个定义是准确的。

再来看一个跟人有关系的字，"立"。

甲骨文中的"立" 　　篆书"立"（清·邓石如） 　　隶书"立"（汉·史晨前后碑） 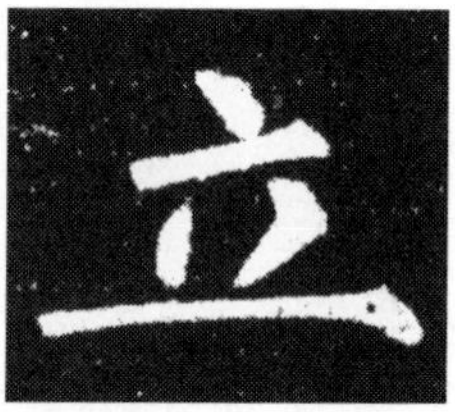　　楷书"立"（唐·柳公权）

"立"是一个人稳稳地站在土地之上。后来"立"不仅仅指身体站立，而且指内心能够承担责任，能顶天立地，真正成为一个人，是一种成人的标准。我们常听到"三十而立""人无信不立"，这表达了一个人要想在社会上立足，就要具备一定的道德准则和承担责任的勇气。

《孟子》中说：

> 恻隐之心，人皆有之；羞恶之心，人皆有之；恭敬之心，人皆有之；是非之心，人皆有之。恻隐之心，仁也；羞恶之心，义也；恭敬之心，礼也；是非之心，智也。

同情之心，人人都有；羞耻之心，人人都有；恭敬之心，人人都有；是非之心，人人都有。同情心属于仁，羞耻心属于义，恭敬心属于礼，是非心属于智。

这是做人最基本的标准。纵观现在的社会风气，我们不得不说，古人的心是澄澈的，是充满灵性的，更是温暖的。

从这几个汉字中，我们深刻体会到祖先造字的智慧。一个小小的汉字启发我们认识自己，认识这个世界，更引发我们的思考：古人对人的定义，我们后辈做到了吗？如果没有，那该给自己的心做做清理工作。让我们的心永远保持是一颗"人"的心。只有做到了这个，我们才可以说，我们与天地拥有同一颗心，你才"大"得有价值，才真的叫"顶天立地"。

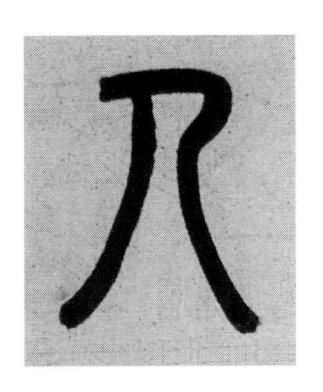

描一描

背一背

无恻隐之心，非人也；无羞恶之心，非人也；无辞让之心，非人也；无是非之心，非人也。——《孟子》

想一想

有人说：一撇一捺的人好写，但一撇一捺的人难做。对这句话你是怎么理解的？

做一做

即使在你很不走运的时候,也要坚持做好事,这样好运气肯定会来找你,试试看。

从

——两个人的故事

板书伴阅读

从
似
比

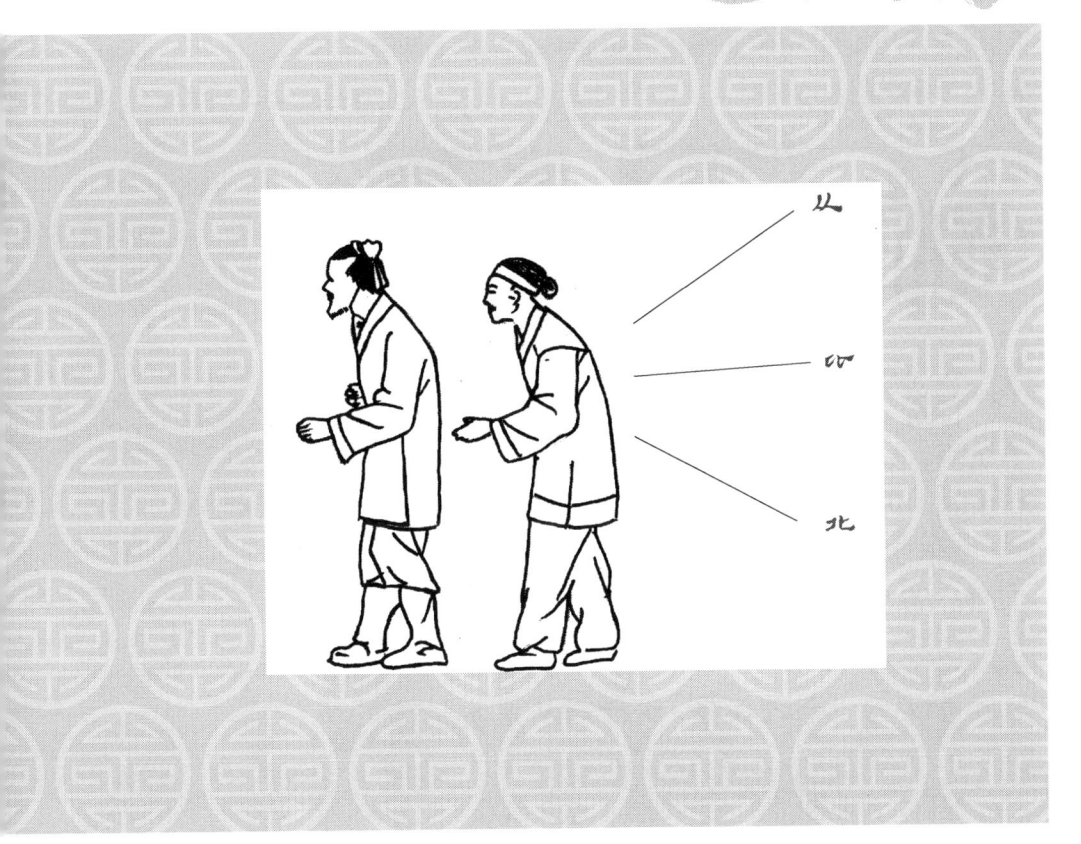

〇五九 | 一才之能

甲骨文中的"从"

我们仔细研究一下汉字就会发现，关于两个"人"在一起的故事有很多，下面我们分别来看一下。

甲骨文中，"从"就是两个人朝阳站立，到了篆书，就有跟随的意思了。

篆书"从"
（清·赵之谦）

隶书"从"
（汉·尹宙碑）

楷书"从"
（唐·颜真卿）

看到上面碑帖中的"從"字，我们会发现，其实现在我们用的"从"字，很古老的时候就有，后来，"從"字出现，取代了"从"。

《说文解字》中段玉裁注：

从者，今之從字。從行而从废矣。

那我们如何理解"从"这个字呢？先来看看《说文解

字》中是如何解释的：

> 相听也。

《说文解字》对"從"也做出了解释：

> 随行也。

所以归结在一起，就是随行、听从的意思。要不怎么有"随从"这个词呢？现在我们就懂了：两个人在一起，一个人说，另一个则听从、跟从。

说完"从"我们会发现，在甲骨文中有一个字，跟"从"长得太像了，就是右面这个字。

好像就是人的朝向跟"从"不太一样。如何区分这两个字呢？

《康熙字典》里有这样的记载：

> 二人向阳为从，向阴为比。士之趋向，不可不慎。

陆佃说：两个人一起向阳，这是从。如果一起向阴，这是比。读书人立志向，不能不谨慎。

我们现在知道"比"这个字跟"从"非常相像，《说文解字》中这样记载：

> 比，密也。二人为从，反从为比。

"比"最初的意思不是我们想象的非要争个高低上下，而是表示两个人非常亲密，比肩同行。果然，我们看"比"这个字的演变过程，就发现确实如此。

篆书"比"
（清·赵之谦）

隶书"比"（南北朝·泰山经石峪《金刚经》）

楷书"比"（晋·王羲之）

　　两个人从跟随到了并肩前行，那如果这两个人背靠背呢？这就是"北"字，所以"北"这个字古时候同"背"的意思。

甲骨文中的"北"

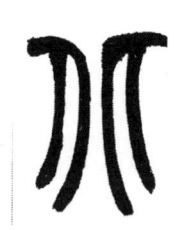

篆书"北"
（清·赵之谦）

隶书"北"
（汉·曹全碑）

楷书"北"
（唐·颜真卿）

　　"北面"在古代是卑位，这首先得从"北"的含义入手进行解释。"北"的本义是"背"或"相背"。在甲骨文中，"北"字就是两人背靠背的样子。因此，东汉许慎在《说文解字》中解释说：

> 北，乖也。二人向背。

　　古时两军作战，打了败仗而逃跑的一方，总是背对敌人的，所以"北"这个字，就增加了"失败"这一义项。要不怎么失败也叫"败北"呢！
　　现在我们可以想一想，为什么古代的皇帝坐在大殿之上，要坐北朝南？
　　我们知道，在我国，建房子是很讲究房屋的朝向的。房屋背靠北正门向南，称为正房，而向东西的称为厢房。正房都是由家里的长辈居住，这里也体现了中国传统的"孝"道。从地理知识的角度分析，地球自转导致日出日落，而我国处在地球的北半球，所以面朝正南的房子比其他朝向的房子在一天里获得的日照更充足，所以久住在面南房子里的人就比较健康。北为阴，南为阳，山北水南为阴，山南水北为阳。坐北朝南，不仅是为了采光，还为了避北风。简言之，坐北朝南原则是对自然现象的正确认识，顺应天道，颐养身心。

而《周易》中说：

> 离也者，明也。万物皆相见，南方之卦也。

意思是说，在八卦之中，"离"卦象征光明。当太阳处在正当中的位置时，照耀南方，使万物鲜明，可以被看到，这是代表南方的卦。所以帝王取法"离"卦，背靠北面向南接见群臣，听取天下政务，象征面对光明，治理天下。故而《周易》说：

> 圣人南面而听天下，向明而治，盖取诸此也。

古代君王登基之后便面南而坐，称为"南面称王"或"南面称帝"。坐北朝南，顺应天道。古代把南视为至尊，而用北象征失败、臣服。

描一描

想一想

《孙子兵法》说"佯北勿从"。根据今天所学习的内容，你知道这是什么意思吗？

做一做

如果有人对你提出了劝告,你觉得正确就一定要听从。不要觉得给你提意见就是批评你,无论正确与否都置之不理,这样可能会吃大亏的。

文化

——世间最美的花纹

板书依伴阅读

甲骨文中的"文"

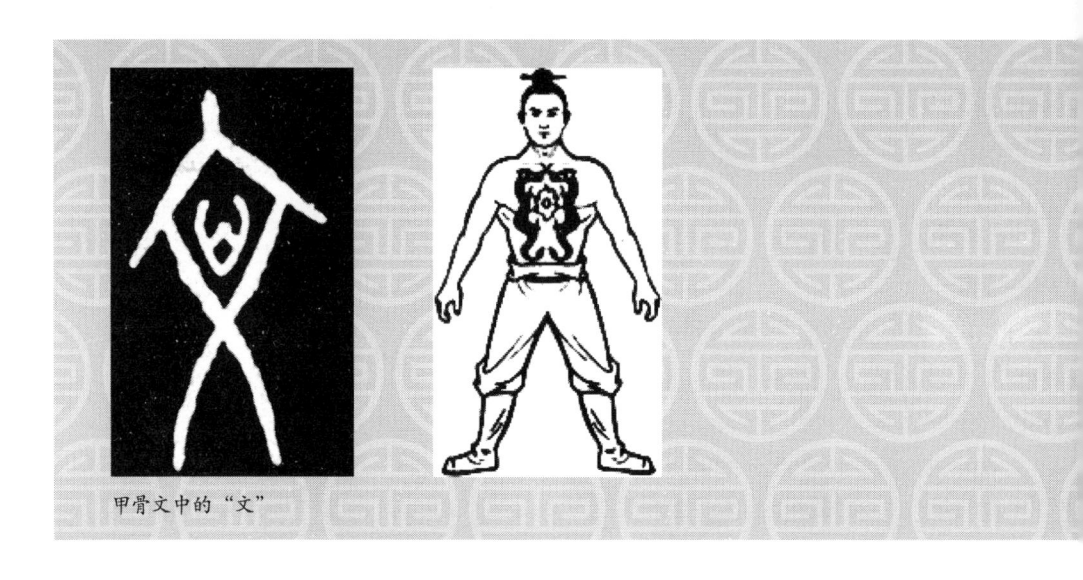

如果把一个民族比喻成一棵大树，那么文化就是这棵大树的根。可见文化对于人类社会是多么重要。如果一个民族被异族侵略占领，但文化没有断，那么这个民族就还有机会复兴，还有机会复国。如果这个民族的根基被挖掉了，文化断掉了，就等于这棵树被连根拔起，那这个民族才叫被彻底毁灭了。

"文化"二字到底是怎么来的呢？我们先来看上面"文"这个字的甲骨文，它表示一个人身体上描画出花纹。在《礼记》里，说了这样的话：

◀ 东方曰夷，被发文身。▶

夷分布在今山东、安徽、江苏北部一带。当时那里属于比较蛮荒尚未开发的地区，人们披发文身。所以"文"的本义就是花纹。

在《说文解字》中，"文"这个字的意思是：

◀ 错画也。▶

就是交错着画，其实就是花纹，文就是有条理的纹路。

篆书"文"　　　　　隶书"文"　　　　　楷书"文"
（元·周伯琦）　　（汉·史晨前后碑）　（唐·柳公权）

中国古人有敏锐的观察能力，通过观察刚柔交错的天文来考察春夏秋冬四时的变化。《周易》里这样记载：

> **刚柔交错，天文也。**

中国人一直知道，除了我们看得见或者说用来提示生活的"纹路"，还有一种是看不见的"文"，它对人类社会的发展起决定性的作用。这就是文化。因此，《周易》中这样说：

> **文明以止，人文也。**

文明作为人类社会发展的基础，可以教化天下的人。既然叫文明，那么肯定是美的、善的，是人作为万物之灵培育的只有人类社会才具有的属性。比如礼、敬等。

我们再来看下面"化"这个字的甲骨文（见下页图）。右边是一个面向右侧站立的"亻（人）"，左边是一个头朝下脚朝上倒过来的"人"，它是一个会意字，表示"颠倒了"的意思。"颠倒了"就是发生了"变化"。

《说文解字》中，"化"的意思就是：

> **教行也。**

就是上行下效，进行教化。其实就是通过教化让蒙昧的人们内心和行为上有所改变。

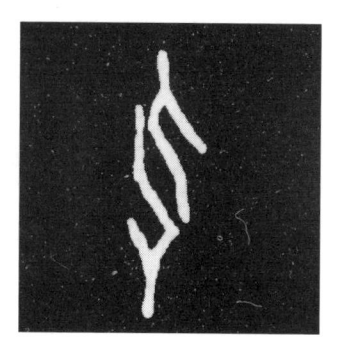

甲骨文中的"化"

篆书"化"（秦·李斯·泰山石刻）

隶书"化"（汉·西狭颂）

楷书"化"（唐·褚遂良）

汉语中，有很多跟"化"有关的词语，我们能从中理解到深刻的含义。比如"化学"，其实就是观察各种物质变化的一个学科。"消化"指吃了东西之后，食物被转化为代谢物。

"文"与"化"并提，在《周易》中可以见到：

> 刚柔交错，天文也。文明以止，人文也。观乎天文，以察时变。观乎人文，以化成天下。

刚与柔交相错杂，这是天文；用文明教化裁人治物，这是人文。观察天文，可以知道四季变更及其规律；观察人文，可以推行教化以促成天下昌明。这已经具备了以"文明教化"或"以文教化"为要义的文化一词的基本内涵。

中华传统文化经过几千年的积淀，可谓博大精深，如果分类，可分为"具象文化"和"抽象文化"。具象文化包括文学、艺术、医药、武术、农桑、饮食、科技、建筑、工艺等，抽象文化则主要指思想观念，例如先秦诸子百家的各种学说等，而这些类别之中还可以细分，在这里不赘述了。具象文化看得见、摸得着，琳琅满目，美不胜收，然而如果我们要对中华传统文化有个全面系统的了解，还必须要领会抽象文化，这样才能"形神兼备"，才能体会到文化才是世间最美的"花纹"啊。

中国幅员辽阔，民族众多，历史悠久，在古老的华夏大地上所创造的具有恒久生命力的文化要不断地被继承和发扬，才能使我们的这棵"大树"葱郁茂盛，恒久不枯。

描一描

篆书"化"

想一想

文化与知识是一回事吗？

议一议

现在流行这样一种说法：不喜欢就说出来。在中华传统文化中，是怎样对待不喜欢的人和物的？

眉

——洞察情绪的机关

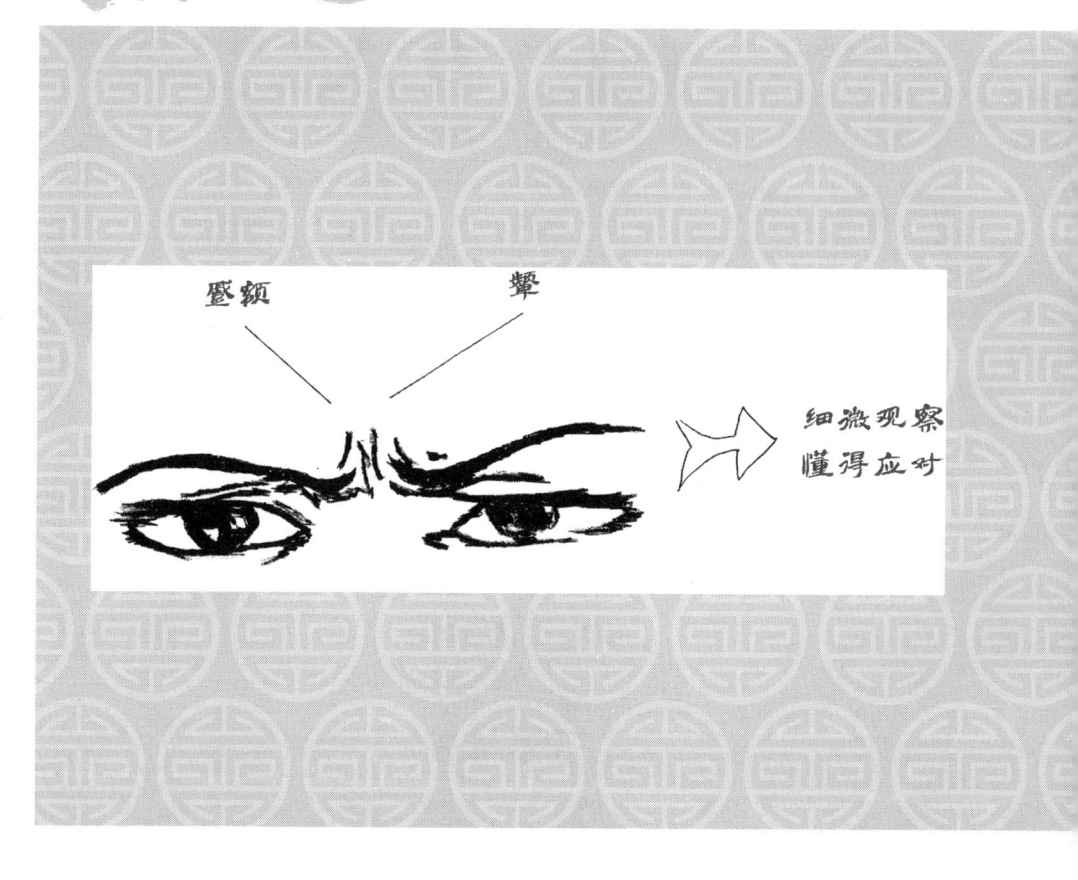

板书伴阅读

蹙额　　　　　颦

细微观察
懂得应对

甲骨文中的"眉"

五官每个人都有，但其中含有的意趣却很少有人知道。

我们先来看"眉"这个字。上图甲骨文中的"眉"表现为眼睛上面突出三根毛。而下图篆书的"眉"已经能让我们看出现在"眉"字写法的雏形。最下面的"目"是眼睛，而最上面的两个折代表了人的皱纹，中间这一道代表眉毛。这不由得让我们想起神话传说中的带有仙风道骨的长者，他们的眉毛特别长。下图楷书的"眉"字，是清代赵之谦所写，很显然他依照了小篆"眉"字的写法。

篆书"眉"
（民国·王福厂）

隶书"眉"（清·何绍基）

楷书"眉"
（清·赵之谦）

"眉"在《说文解字》中特别通俗易懂：

> **目上毛也。**

一个简单的"眉"字,能给我们什么启发呢?这要从"皱眉"开始说起。人皱起眉头往往意味着两种情况,第一是痛苦不高兴,第二是冥思苦想。而古人把皱眉叫作"蹙额"。

《庄子》中有一则寓言故事——东施效颦:

> 故西施病心而颦其里,其里之丑人见之而美之,归亦捧心而颦其里。其里之富人见之,坚闭门而不出;贫人见之,挈妻子而去走。

从前西施心口疼痛而皱着眉头在巷子里行走,巷子里的一个丑女人看见了认为皱着眉头很美,回去后也在巷子里捂着胸口皱着眉头。巷子里的有钱人看见了,紧闭家门而不出;贫穷的人看见了,带着妻儿子女远远地跑开了。

简单一个"颦"字,把东施盲目效仿西施的丑态表现了出来。

《红楼梦》中,最喜欢皱眉头的就是林黛玉,难怪薛宝钗叫她"颦儿"。

可见,人的情绪,从脸上就能看出来,其中关键的位置是眉毛。当你观察到一个人并不高兴或者在独自思考时,就要适时适度地进退。

描一描

眉

做一做

爸爸妈妈不开心的时候,你能看出来吗?此时你应该怎么做才能让爸爸妈妈心平气和起来呢?

耳

——圣人的心灵

板书伴阅读

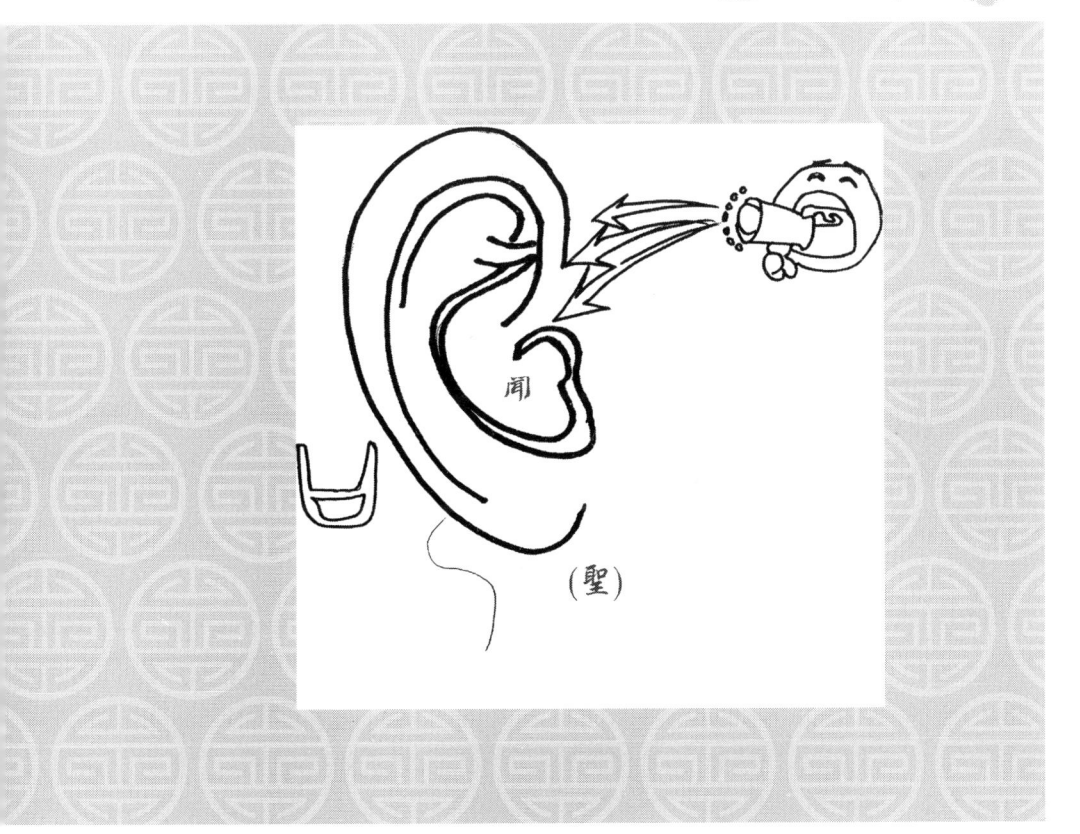

（聖）
闻

甲骨文中的"耳"

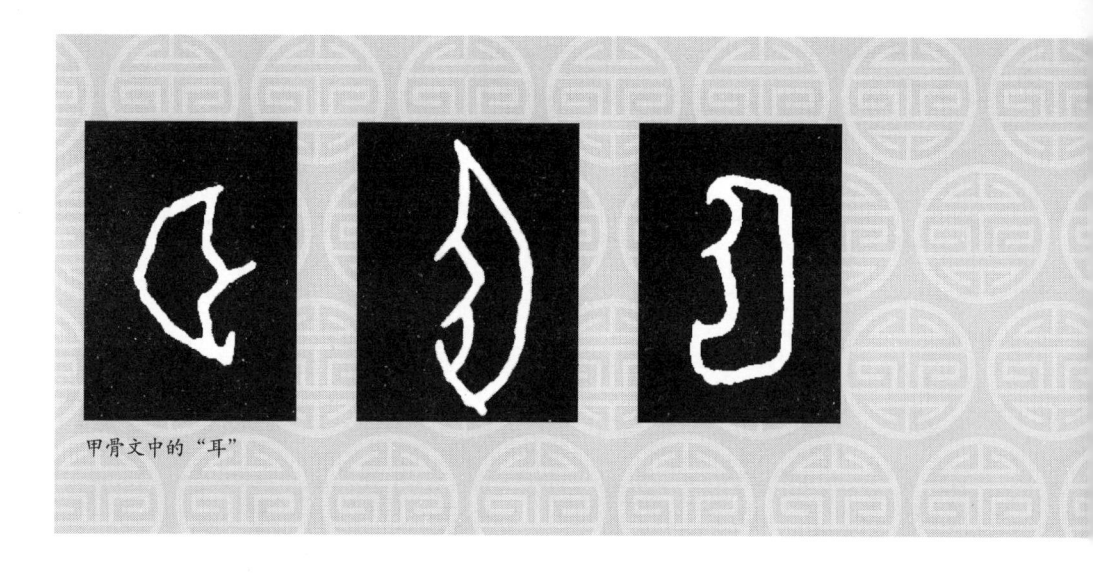

一个人如果思维敏捷，头脑清楚，会被别人夸赞"聪明"。可"聪"这个字，为什么是"耳"字旁呢？在《说文解字》当中，"耳"这个字的意思是：

察也。

说明耳朵是人观察外界的一个重要的工具。我们不要认为观察只能用眼睛，耳朵其实也很重要。人的目力范围是有限的，有障碍物的话视野就会被遮住。而耳朵却可以听到从很远的地方传来的声音。

下面我们来看"耳"的甲骨文（见上图）。可以看出，这个字完全是依照耳朵的形状得来。甲骨文中的"耳"字有好多种写法，能看出是左耳还是右耳。

以下是"耳"字的演变过程。我们可以看出耳从甲骨文到楷书，形态基本没有什么变化。

篆书"耳"
(元·周伯琦)

隶书"耳"
(元·赵孟頫)

楷书"耳"
(唐·柳公权)

耳在古代有个雅称，出现在《黄帝内经》①中，书中写道：

> 窗笼者，耳也。

将耳朵称作窗笼。都说眼睛是心灵的窗户，是说透过眼睛能看到外面的世界。而在这里把耳朵当作"窗"，是指从内向外寻求，从窗外听到各种声音来帮助你认识这个世界，"笼"就是装东西的竹编物，指把你听到的都装进耳朵里。

耳朵是用来听声响的，古人还用另外一个字来代表听，那就是"闻"。门里有耳，这是个形声字。闻和听的含义是不太一样的。段玉裁给"闻"的定义是：

> 往日听，来日闻。

既然耳朵是用来"听"的，只要不聋，就能听见，但听进去了吗？如果听到的内容作用于内心了，就是听进去了。这就叫"闻"。

《论语》里有这样一句话：

> 朝闻道，夕死可矣。

意思就是如果早晨听到了宇宙万物的大道，晚上死了也无憾了。也有人解释为当你早晨明白了人生真理之后，晚上曾经的那个"你"其实已经死了，呈

---

① 《黄帝内经》是一本综合性的医书，在黄老道家理论上建立了中医学上的"阴阳五行学说""脉象学说""藏象学说""经络学说""病因学说""病机学说""病症""诊法""论治""养生学""运气学"等学说，从整体观上来论述医学，呈现了自然、生物、心理、社会"整体医学模式"。它奠定了人体生理、病理、诊断以及治疗的认识基础，是中国影响极大的一部医学著作，被称为医之始祖。

现的是一个全新的"你"。这里的闻不能单单理解为听说,而是指彻底领悟了。真正的"道"蕴含在生活当中,既然听闻了"道",必定以所闻修身,这样才是真的得道了,那当然是死而无憾了。

有一个字跟耳有着非常密切的关系,就是"聖"这个字。

先要强调一下,古时有"圣"这个字,同时也有"聖"这个字,"圣"在《说文解字》中的意思是:

> 汝颍之间谓致力于地曰圣。

汝水和颍水之间的人将尽力开垦土地称作圣。

而"聖"这个字,我们先从字形上来看:

甲骨文中的"聖" 　　篆书"聖"（清·邓石如）　　隶书"聖"（汉·曹全碑）　　楷书"聖"（唐·柳公权）

这个字由两部分组成:耳和呈。《说文解字》里说:

> 从耳呈声。

耳表示形旁,呈表声旁。耳在这里代表耳目,就是要有透彻的观察能力,耳眼圆通,心通万物,事理通达。而"呈"在《说文解字》中的意思是:

> 平也。

这就与说话有关系了,指说话平和舒缓。"口"字,代表宣说真理,教育大众,使大众都变成有觉悟的人。

古人说要把天地万物的规律和道理为人演说,演就是亲身做出来给大家看,说，就是宣说，教化大众。这样的人，我们称作"圣人"。

耳，代表观察，说明圣人所说所做的是通过观察得来的，并不是自己发明或想象出来的，而是他们通过观察体悟了天地自然的规律。

聖人，是能够通达人世间真理的人，尤其是高度智慧的人，比如孔子、老子、释迦牟尼等。

在《说文解字》中，"聖"的意思是：

> 通也。

推行简体字后，"圣"兼有"聖"的意思，取代了"聖"。历史上把中华传统文化各个领域的杰出代表也称作"圣"，比如"武圣"关羽、"书圣"王羲之、"诗圣"杜甫、"史圣"司马迁等。

《朱子治家格言》中提出：

> 读书志在圣贤。

人要有高远的志向，让自己成为一个具有智慧的人，生活中要认真观察，认真习得自性中本有的美好品德。这样，我们也可以到达智慧的境界。正如《弟子规》中所说：

> 勿自暴，勿自弃。圣与贤，可驯致。

描一描

篆书"聖"

想一想

"聪"明的"聪"字,为什么"耳"字要占这个字的一半?你能体会到古人造这个字的用意吗?

议一议

认真倾听他人说话是一种最起码的礼貌,你会倾听吗?听他人说话的时候要注意哪些礼貌呢?

做一做

有意识地训练自己听的能力,能够排除干扰认真地听,虚心地听。

自

——自在地呼吸

板书伴读

```
        自然
         ╱
      自己
       ╱
    自
   ╱ │ ╲
  鼻 息 臭 臬
```

一才之能

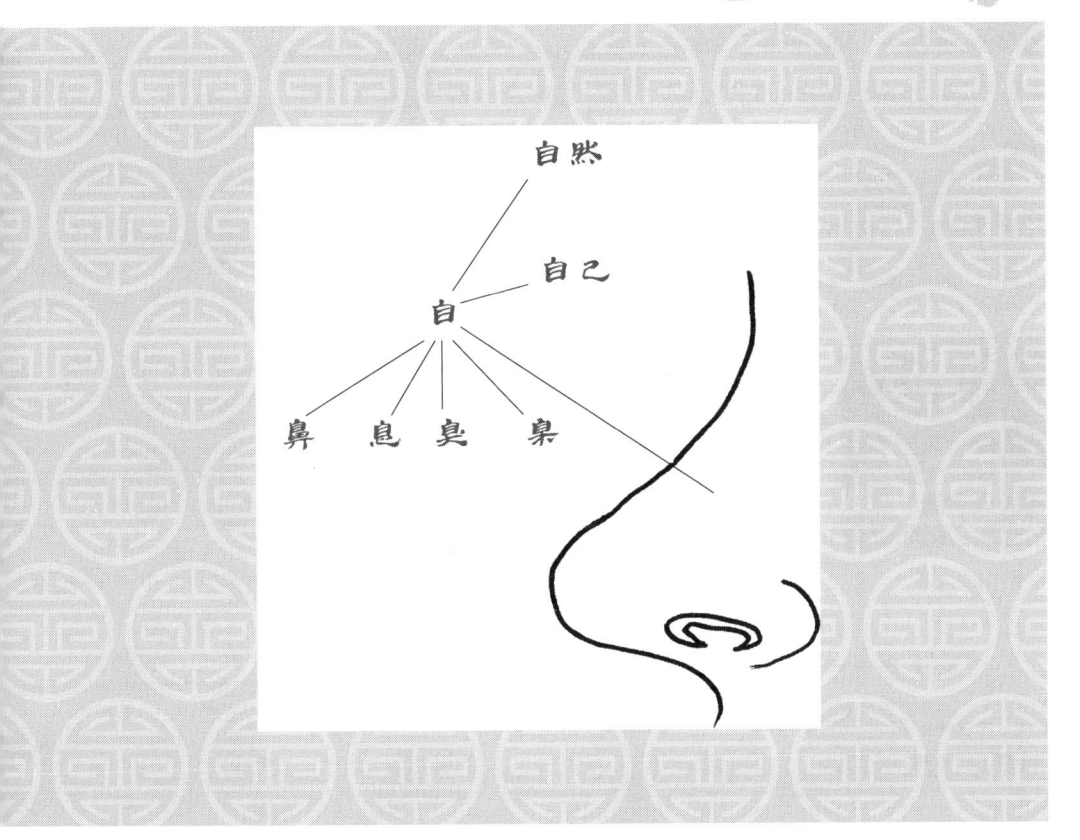

在相声大师马季先生创作的《五官争功》中,"鼻子"是这样问候马先生并强调自己的重要性:"鼻子,是脑袋重要的呼吸器官,每天一呼一吸达万次以上,我有一天不干活,您就受不了……"是啊,鼻子,是很重要的呼吸器官,那"鼻"这个字是怎么来的呢?

我们先来看上图的这个甲骨文,长得是不是很像鼻子?我们可以看到鼻梁、鼻孔、鼻翼,但它不是"鼻"这个字。我们来看看它的字形演变过程吧。

篆书"自"(秦·李斯)　隶书"自"(汉·史晨前后碑)　楷书"自"(唐·柳公权)

原来这是"自"。为什么"自"这个字会长得像鼻子呢?其实,"自"最初的意思就是鼻子。《说文解字》中,"自"的意思就是:

◆ 鼻也。◆

我们可以用几个字来证明"自"最开始的时候就是指鼻子。比如"息",它的意思是呼吸时进出的气。再比如臭,这个字一开始跟"嗅"同,而气味的香臭是用鼻子闻出来的。

再来看一个有意思的字"臬"。这个字是什么意思呢?这个字的甲骨文是这样写的(见右图):一根棍子上,有一个鼻子。多有意思的画面。"臬"的原本意思是射箭的靶子,靶子上的中心,就好像人脸的中心位置,而人脸最中间的部位是鼻子,于是直接画个鼻子表示靶心。因此"臬"这个字,在《说文解字》当中的意思是:

甲骨文中的"臬"

◆ 射准的也。◆

"自"在古文中一般作为第一人称代词,即自己。既然"自"成了人称代词,那么要表示五官中的呼吸兼嗅觉器官时,又该用哪个字呢?古人另造了一个形声字代替,在"自"字下加了一个声符"畀",就出现了一个新字"鼻"。从此,"自"和"鼻"就有了不同的分工。"鼻"这个字,是形声字,上面的"自"表意,下面的"畀"表声。

我们来做一个小游戏吧,你怎么用手指"自己"?大部分人是用食指指着自己的鼻子吧?这就是"自己"。

"自"后来指本来的样子、最初的样子。比如"自然"这个词,指我们现在所生活的地球最本真的环境,为什么叫"自然"?慢慢你就能体会到,地球最初的模样,未经人为改造和干扰的状态就叫作"自然"。

后来"鼻"引申为"始","鼻祖"这个词,意思就是最早的祖先、创始的祖师。

描一描

篆书"自"

背一背

二人同心，其利断金；同心之言，其臭如兰。——《周易》

做一做

先将双掌用力搓得火热，接着以左右两手的中指指肚同时夹紧鼻梁两侧，并顺着鼻梁用力向上推至神庭穴（发迹边沿），紧接着向下推至鼻翼旁，推行速度宜快，一上一下为一次，快速推一百次左右，使鼻腔内有火热感为佳。这样做可以缓解鼻炎的症状。

目

——内外兼『修』

板书陪伴阅读

反省

气之清明

内视

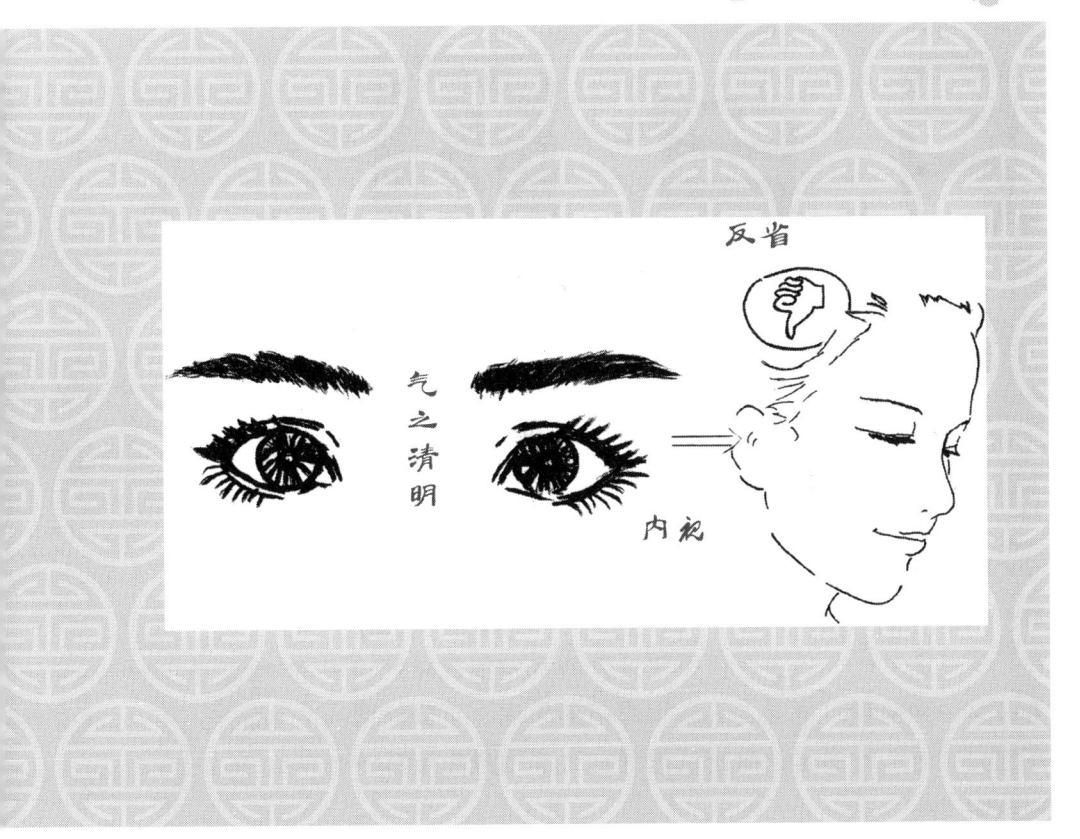

○八三 ｜ 一才之能

甲骨文中的"目"

眼睛是心灵的窗户，也是我们对人性透视最好的途径。眼睛，古时候称作"目"，这个字的演变过程如下。

篆书"目"
（清·邓石如）

隶书"目"
（元·赵孟頫）

楷书"目"
（唐·颜真卿）

《礼记》中有这样的记载：

目者，气之清明者也。

眼睛，看事物明白无误、不含混，认识得全面、知道得清楚。眼睛能够洞察事物，是认识事物最直接的器官。这里的"气"是中医认为使人体器官发挥机能的动力，是一种能量。可见古人认识眼睛的作用，不只停留在它是"看"的器官，而是认识到它对事物最为敏感的洞察能力。

我们再来看右图的甲骨文，眼睛上像长了草一样，这不是表示眉毛，而是"省"这个字。

这个字由两部分组成，一个是"目"，一个是"屮"。"屮"这个字代表了小草刚刚破土而出的样子。而用眼睛观察细微的东西时，必须是仔细和谨慎的。因此，"省"意味着"看"要深刻到仔细敏锐地"察"。

甲骨文中的"省"

在《说文解字》当中，"省"的意思是：

> 视也。

段玉裁在《说文解字注》中这样说：

> 省者，察也。

篆书"省"（周·大盂鼎铭文）

隶书"省"（汉·华山庙碑）

楷书"省"（宋·蔡襄）

我们说"反省"，就是指谨慎地、细致地省察自己的言行过失。可以说一个人如果具有反省并改过的能力，那进步的速度是惊人的。孟子说：

> 行有不得者，皆反求诸己。

事情做不成功，遇到了挫折和困难，或者人际关系处得不好，就要自我反省，从自己身上找原因。而我们平时的做法却往往与圣贤所提倡的背道而驰。没有做成一件事，常常将责任推到别人身上，不知道反省自己。如果人人互相推卸责任，没有人敢于担当，这就麻烦了。

"将相和"的故事相信不少人听说过吧。战国时，赵国舍人蔺相如奉命出使秦国，不辱使命，完璧归赵，所以被封了上大夫；又陪同赵王赴秦王设下的渑池会，使赵王免受秦王侮辱。赵王为表彰蔺相如的功劳，封蔺相如为上卿。老将廉颇认为自己战无不胜，攻无不克，蔺相如只不过是一介文弱书生，只有口舌之功却比他官大，心中对此很是不服，所以屡次对人说："以后让我见了他，必定会羞辱他。"蔺相如知道此事后以国家为重，请病假不上朝，尽量不与廉颇相见。后来廉颇得知蔺相如此举完全是以国家安定为重，便向蔺相如负荆请罪。之后两人和睦相处，尽心尽力辅佐赵王治理国家。这个故事其实包含了很多的道理，从蔺相如那里我们可以学到做事顾全大局，宽容豁达；而从廉颇这里，我们学到了要懂得反省自己的错误，并且要学会真诚地改正。

反省应该成为我们每天的功课。《论语》中，曾子说得好：

吾日三省吾身：为人谋而不忠乎？与朋友交而不信乎？传不习乎？

曾子每天多次自省。替人家出谋划策而不忠诚吗？和朋友交往不够诚信吗？老师传授的学问没有温习吗？

很多人在成长到了一定年龄的时候，再也不能像儿时那样勤于改过自新了。平时的一言一行，往往是不加思考的。很少有人会每天自省一天的过失，对人、对物、对事哪里有做得不对的地方，从不反省，然后造成一些恶果时，还怨天尤人，抱怨这个抱怨那个，满腹牢骚，却不知道，自身的问题其实最严重。最后日子过得不快乐却找不到根源。

如果一个人做到了时刻反省自己，那么做错事的概率会大大降低。一个国家如果有反省的心，这个民族就会有进步。

1970年12月7日，联邦德国总理维利·勃兰特在华沙犹太隔离区起义纪念碑前下跪，为纳粹德国侵略期间被杀害的死难者默哀。这个举动是出人意料的，当时周围的波兰官员和民众被深深震撼。这成为二战以后意义重大的瞬间，在所有爱好和平的人心头激起了强烈的反响。勃兰特这一跪可不是代表自己,而是代表了一个国家,这是真心为自己的民族赎罪。

相反,如果一个国家不能反省自己曾经犯下的错误,甚至还变本加厉,鼓吹歪曲历史,那再怎样也不能叫作真正意义上的进步。

古人对"目"的定义,对"省"的诠释,让后人能够清醒地认识到底什么是真正的"看",不单单要懂得用眼睛认知这个世界,还要多用"省"来体察自己的言行过失,时常提醒自己,端正心念,做正确的事。

描一描

目

背一背

吾日三省吾身:为人谋而不忠乎?与朋友交而不信乎?传不习乎?

——《论语》

做一做

自己做一个表格,早晨把每天对自己的要求写好,过完一天之后,晚上反省自己这一天都做到了吗。

查一查

晚清中兴第一大名臣曾国藩是个很了不起的人,他每天都会反省自己,去查一查他是怎么让自己不断进步的。

口

——通往天堂和地狱的门

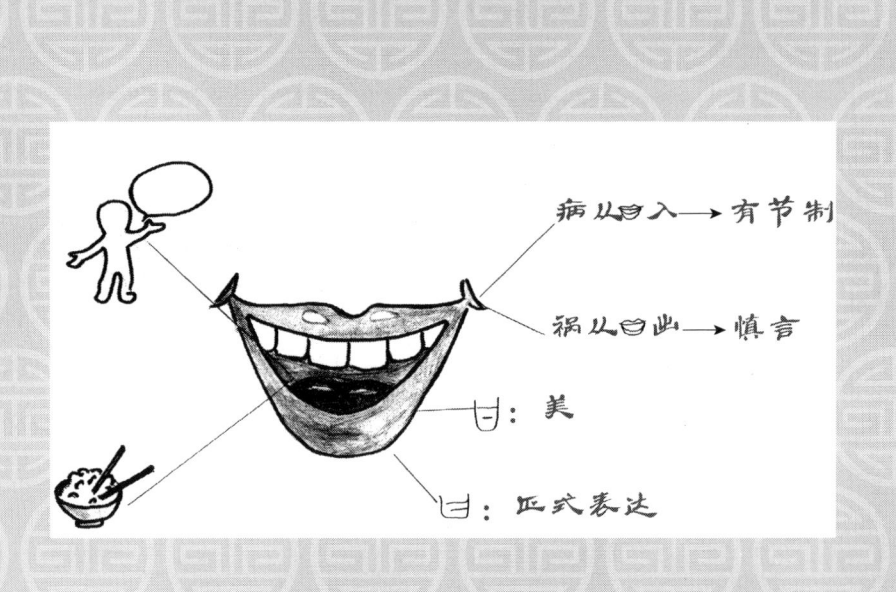

板书伴阅读

病从口入 → 有节制

祸从口出 → 慎言

曰：美

曰：正式表达

甲骨文中的"口"

口，是人们用来沟通和进食的器官，可以说，它的输出和输入很大程度上决定一个人的"生死"。

"口"从甲骨文到楷书，字形几乎没有变化。甲骨文中的口，线条表现了上翘的嘴角，到了篆书依旧如此。

篆书"口"
（清·邓石如）

隶书"口"（元·赵孟頫）

楷书"口"（唐·柳公权）

口用来做什么呢？说话和吃饭。所以在《说文解字》中"口"的意思是：

人所以言食也。

口是人用来吃饭、说话的器官。一个是输入，往里送吃的东西；一个是输出，对外说，用来沟通。所以口首先关系到人的生存，不吃东西就难以维持生命；其次，关系到你的生活的质量，因为人需要不停地交流。

《释名》中有这样的记录：

> 口，空也。

这个讲法太智慧了。口里装什么？话和食物。如果总是让它充塞着东西，比如不停地吃，让嘴不闲着，就容易引出一身的病来。嘴巴该空着的时候必须要空，这是为了让人降低对食物的贪欲。另外，如果老是不停地说话，言多语失，则会给自己找麻烦。于是，我们懂了：该吃的时候吃，不该吃的时候就不能吃，有些东西能不吃就不吃。说话亦如此，该说的时候说，不该说的时候就不能说。

俗语云：

> 病从口入，祸从口出。

让我们先来看看"病从口入"。

现如今，人们的生活水准变得很高，各种美食层出不穷，大大刺激了人的食欲。老子曾说：

> 为腹不为目。

古人都说这样的话，可见管住嘴很重要。人只要吃饱了就行了，不能因为眼睛看着觉得好而没有任何节制地吃。有人管不住自己的嘴，看到什么好吃就无限制地吃，最后闹出一身的病，然后花大笔的钱来看病。这样的恶性循环必须要避免。

我们再来看"祸从口出"。

为了达到目的随意骗人或者夸大其词，或者想说什么说什么，口无遮拦；为了讨好别人，巧言令色；对人进行人身攻击，说出很难听的话；到处挑拨是非，引起他人的争端。这些都是我们要竭力避免的行为。

《弟子规》里这样说：

> 话说多，不如少。惟其是，勿佞巧。
> 奸巧语，秽污词，市井气，切戒之。

话多不如话少，话少不如话好。说话要恰到好处，该说的就说，不该说的绝对不说，立身处世应该谨言慎行，谈话内容要实事求是，不要花言巧语，好听却靠不住。奸诈取巧的语言，下流肮脏的话，以及街头无赖粗俗的口气，都要避免沾染。

可是遗憾的是，现在有些人不懂得管住自己的嘴，每天都从这个输出器官中输出负能量，输出"无形的刀"来伤人。这么做有些是有意的，有些是无意的。但不管怎样，怎么说话是应该学习的。当然，也有很多人，非常注意自己的言谈，说话前能站在别人的角度来思考，之后的沟通就变得很顺畅。

可见"口"可以让人生活美满，也可以让人痛苦不堪。

因此管好自己的口十分重要。中国人重视行动，同时也重视语言。在行动上要扎实，不听信花言巧语。而说话的时候，要谨慎，想好再说，万不可夸大其词，信口雌黄。孔子云：

> 君子欲讷于言，而敏于行。

君子说话要谨慎，做事要敏捷。这个道理必须牢牢记住啊。

我们再来看跟口有关的两个字。"口"字中加上一横，就是"甘"。

甲骨文中的"甘"　　　　　　　篆书"甘"（清·邓石如）

隶书"甘"（汉·华山庙碑）　　　楷书"甘"（唐·柳公权）

"甘"是指人人都愿意接受的味道，而不是我们想的"甜"。《说文解字》中，"甘"的意思是：

> 美也。

就是我们都能接受的一种滋味。比如人生四大喜事中的"久旱逢甘霖"。甘霖在这里就指在极度干旱的状态下恰逢有雨来临，这时候雨的到来让人心里舒畅、高兴。

因此后来"甘"也引申为情愿接受某事，做某事无怨无悔。其实就是做这件事的时候内心深处是美的。就好像鲁迅先生说的，"俯首甘为孺子牛"，心甘情愿为大众服务。

再看一个字。

篆书"曰"
（周·散氏盘铭文）

隶书"曰"
（汉·曹全碑）

楷书"曰"
（晋·王羲之）

这个字也是以"口"为字根的，是"曰"字。在这几幅图中，口左上角这个部位有一个缺口，像口气外出的样子。"曰"指措辞、正式表达，因此我们常看到经典中有"孔子曰""曾子曰"，说明该人说的话很正式、很严肃，是经过深思熟虑而不是草率说出口的。

描一描

曰

想一想

《三国演义》中，杨修是个非常聪慧的人，他总能猜出曹操的心思，并几次说出。这让曹操很生气，最后惹来了杀身之祸，这是为什么呢？

背一背

话说多，不如少，惟其是，勿佞巧。
奸巧语，秽污词，市井气，切戒之。

——《弟子规》

做一做

1.著名相声表演艺术家高英培先生说过一段相声，名字叫《别扭话》，不妨去听一听，体会一下不会说话闹出的笑话。

2.无论你有什么样的不良口头语，从今天开始一定要有意识地改正。在手腕上勒个皮筋，每发现自己说了不好的话，就用皮筋弹自己一下。以此改掉身上的毛病。

心

——幸福的秘诀

板书伴阅读

用心

甲骨文中的"心"

上面这个甲骨文，大家一看就知道是什么字。是，这个字就是"心"。多少年过去了，我们现在画心还是这个样子，这说明人们对心的认知是一样的。

下面看看"心"的字形演变过程。

篆书"心"　　隶书"心"（汉·曹全碑）　　楷书"心"（汉·钟繇）
（清·吴让之）

"心"的篆书的写法让我们想到了竖心旁，这也是"忄"写法的来历。

说到"心"，其实分两种：一个是有形的心，就是我们常说的心脏；另一个是无形的心，即人的意识、思想情感等，古代人以心为思维器官，故后沿用为脑的代称。你的心怎样，直接影响你的行为。这就引出了做事的两种不同层次。

第一层就是用体力或者脑力完成任务或者解决问题，

这个过程比较看中的是结果。至于这个任务是不是完成得完美先不去考虑。

第二层就是用心完成。就是考虑全面解决问题的方法，做到完美。这一种就充满了人文关怀。

我们的生活中，处处都有用心的人。

冬天，你会发现有的公交车里，座椅上放有坐垫，以免乘客坐在上面感觉凉，这个小小的细节，就叫作用心。

某个商场，会在角落里放上十几把雨伞，这样雨天没带伞的顾客便能撑伞回家，之后再放回来，这是商家在用心。

杭州街头，放着一个红色冰箱，里面装着饭馆、超市捐赠的食物。那些拾荒老人、工资低的民工，可以因此而吃顿舒服的饭。没有印象中的哄抢，也没有一人拿许多份。大家按需拿取，没有人辜负这份信任和好心。

杭州市图书馆做过一件很暖心的事，向流浪汉开放阅览室。唯一的要求就是，翻阅图书前洗手。馆方相信，哪怕是流浪汉，应允的承诺也会做到。身份有差别，人格无贵贱。

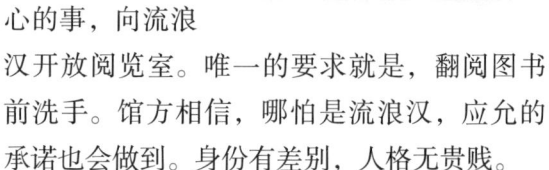

用心，是我们对人、对事、对物赋予了关怀。

当然，用心是一种状态，这种状态，有时候是甜的，有时候呈现出来的却是"苦"。有个词叫"用心良苦"，就是说有时候人的用心一开始是不被人理解和认可的，但最后事情的结果非常好，真相告诉我们曾经他的用心是对的，这就叫用心良苦。

著名的书法教育家欧阳中石在小时候就遇到这样一件事。

这件事发生在他十四五岁时，他觉得自己的书法应该更上一层楼，于是去拜访济南西门里路北古庙中的武岩法师。法师已80高龄，看了欧阳中石的书法习作后，摇摇头说："你还不会写字！"欧阳中石听了之后，马上说："那我要拜您为师！"

法师听到这里，说："你要拜我为师，可以，不过，我有一个条件，你到我这儿学字，笔墨我供应，纸要你自己出。我这儿有好的宣纸，五块钱一张，你每次带钱来就行。"要知道那时候的五块钱价值不菲。欧阳中石觉得失去学习的机会很可惜，又担心如此昂贵的学费负担不起，他愁眉不展地回到了家，把老法师的话原原本本给母亲复述了一遍。母亲想了想，也觉得这个机会难得，于是跟中石说："咱花钱去两趟摸个窍门儿，过后就不去了。"于是第二天，欧阳中石拿着五块钱，来到法师跟前，开始了学书法的日子。他想着家中日子清苦，所以学习格外用心，每次都是在细心"研究"了老师的笔法之后才敢落笔，如此下来，进步竟比每天苦练要来得快。原打算去两次就打住的计划也不了了之。

大约经过半年，法师教他学习了真、草、隶、篆各种字体，让他领略了中国书法的各种风格流派及其笔法奥义。有一天，法师对他说："你现在已经有了很扎实的基本功，可以向某一个方向深入发展了。"不久之后，武岩法师悄然离去，云游他方。

老法师走后，欧阳中石从母亲口中得知：老法师其实一分钱也没要，第一次交的五块钱，第二天就送回来了；每次交钱，实际上都是老师和母亲商量好，做戏给他看，那五块钱，半年里只是在三个人手中循环。

欧阳中石直到晚年想到这件事，依旧感慨万千地说："我的这位老师，不但书法好，而且懂得教学法。轻易得到的东西，人们往往不珍惜，对学习机会也一样。武岩法师之所以要我交五块钱，就是借此给我施加压力，激发我的学习热情。这使我学习任何东西都很快，可以说使我一生受益无穷。我一辈子都感激他。"

用心良苦的典型人群往往是家长和老师，以苦的姿态出现，以甜的结果收尾。

做任何事情都应用心，这样能避免诸多的麻烦。有很多事情是因为一开始不用心，到后来留下后遗症而狼狈收场。如果一开始就用心做，考虑周到，既可避免浪费时间和精力，又能得到很好的结果。何乐而不为呢？

描一描

想一想

逢年过节，我们会与家人团聚在一起。可现在的人们聚在一起的时候，常常低头玩自己的手机，表面上和家人在一起，实际上都在忙自己的事。你觉得这叫"用心"吗？

查一查

古诗中，有很多带"心"字的诗句，查一查，这些诗句表达了诗人怎样的"心"。

做一做

为家人用心做一件事。

手

——劳动创造人本身

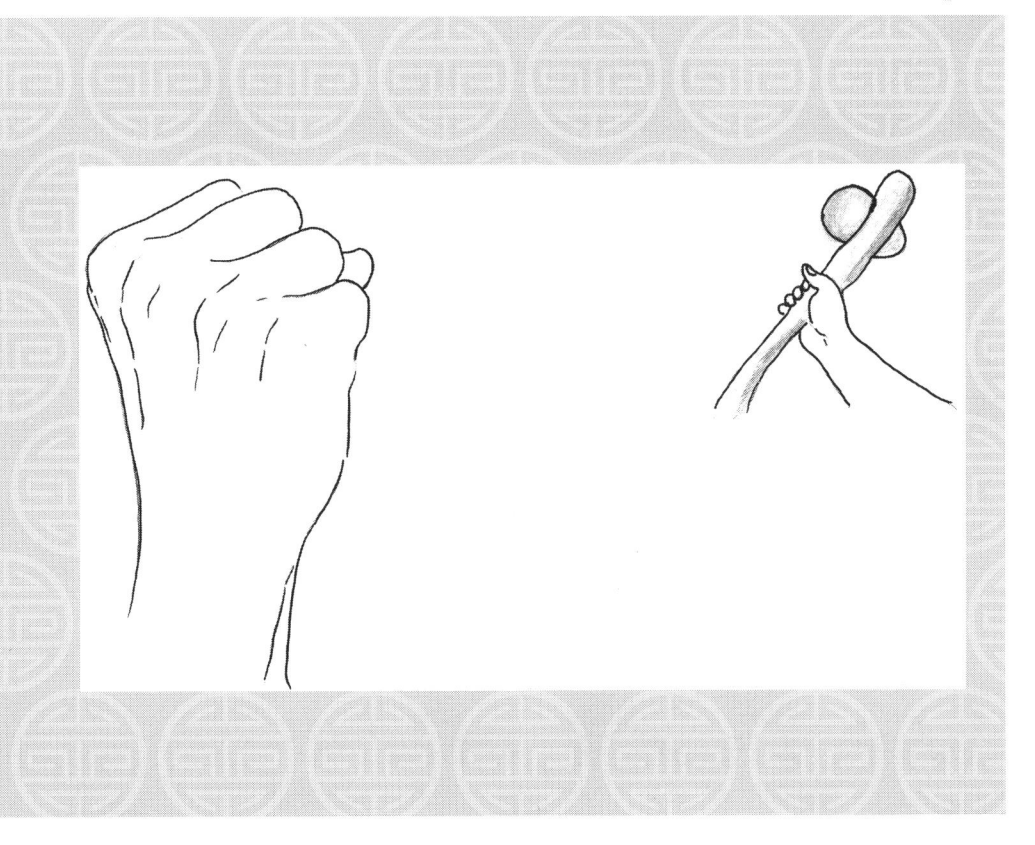

板书依伴阅读

篆书"手"（周·南宫乎钟）

劳动创造了人本身。人之所以为"人"，是从双手进行有意识的劳动开始的。

表示"手"这个意思的字有好几个，我们先来看这一个。

上图是"手"字，它还保留着"手"最明显的特征，这是"手"的大篆写法，有五个手指，还留有手腕部分。《说文解字》中，"手"的意思是：

> 拳也。

段玉裁这样做注解：

> 今人舒之为手，卷之为拳。

篆书"手"
（清·邓石如）

隶书"手"
（汉·史晨前后碑）

楷书"手"（唐·颜真卿）

手展开，叫手。而手指蜷曲在一起叫拳。

我们再看手的另外一种姿势，下图中这是侧面的手。汉字有表意功能。所谓表意，就是用符号表达某种意思。这个侧面的手，即"又"字，我们来看它的字形演变过程。

篆书"又"　　　　　隶书"又"（汉·史晨前后碑）　　　　楷书"又"（唐·欧阳询）
（周·冬戈簋）

"又"在《说文解字》中的意思是：

> 手也。

用"又"作字根的字也是跟手有关的。比如"叉"这个字，本义就是：

> 手指相错也。

"反"这个字就是：

> 覆也。

我们再来看一个字，这是毛公鼎中的一个字。

它是"右"。为什么"右"是"又"加个"口"？"又"本义指"右手""主力手"。"口"意为"吩咐"。"又"与"口"合起来表示"主力手出力，并吩咐左手帮忙"。关于"右"，《说文解字》这样解释：

篆书"右"
（周·毛公鼎铭文）

◈ 助也。◈

意思就是右手为主力手，是可以呼唤左手提供佐助的手。后人注解《周易》说：

◈ 右者，助也。◈

我们再来看另外一个表示"手"的字：爪。

甲骨文中的"爪"　　篆书"爪"　　隶书"爪"　　楷书"爪"（唐·颜真卿）

"爪"这个字，像手向下拿着东西的样子。关于"爪"，《说文解字》中这样说：

◈ 丮也。◈

"丮"这个字音同"己"，意思就是手持。

看右图，真是手上拿着东西呢，这就是"攴"这个字，也代表了反文这个偏旁。意思是手抓东西去打。例如"放""牧"等字，就有这重含义。

下图这个字大家认识吗？这就是父亲的"父"字，我们看，父这个字就是手上拿着一个工具。原始人学会制作工具后，生产效率大大提高。农业也逐渐成为一种由男性主导的强调力量与创造的劳动。关于"父"，《说文解字》中这样解释：

篆书"父"（清·邓石如）

◀ *矩也。家长率教者。从又举杖。* ▶

这种说法，充满了伦理道统的意味。

父是制定规则的人，手中所举之物为权杖。然而，专家们经过考证认为，早期"父"字的写法中，手中拿着的工具是石斧的可能性更大。权杖说中，中国文化的潜台词滔滔不绝：

◀ *子不教，父之过。* ▶

古代，父亲是家中规矩的制定者。父亲的首要任务是保护家庭，同时在教育孩子的时候，父亲的权威性很重要，必要的时候对孩子进行责罚一般是由父亲来实施。

而一个父亲在家说话没有分量，不遵守规矩，不能对孩子言传身教，便是父亲的过失。

说完了一只手，我们再来看看"两只手"凑在一起的情况。

篆书"友"

篆书"友"（元·赵孟頫）

隶书"友"（汉·张迁碑）

楷书"友"（唐·颜真卿）

注意看，这个字表示两只相同方向的"手"。这意味着两个不同的人，伸出同侧的手，这就是"友"。

什么是"友"呢？古人对《礼记》的注解给出了答案：

> 同门曰朋，同志为友。

"友"表示有共同理想和志趣的人在一起，比如我们经常说的"牌友""棋友""酒友"等。这些志趣能让你找到朋友，因为这些共同爱好而相识的朋友也在相互影响。因此择友就显得非常重要。古人非常重视择友，《论语》里这样说：

> 益者三友，损者三友。友直，友谅，友多闻，益矣。友便辟，友善柔，友便佞，损矣。

有益的朋友有三种，有损害的朋友有三种。

友直，就是交正直的朋友。友谅，就是交能够宽恕他人的朋友。友多闻，就是交博学多闻的朋友。交这三种朋友都有益处。友便辟，是交外在表现恭谨内心不端的朋友。友善柔，交善于奉承的朋友。友便佞，是交巧言令色、花言巧语的朋友。交这三种朋友，都会有损失。

我们应该分清什么样的人可以交朋友，什么样的人还是敬而远之为好。

人要观察细节才能看出这个人的品性是不是跟你一样，到底能不能交朋友。古人有这样的例子。

这是东汉时期的故事。管宁和华歆在年轻的时候，是一对非常要好的朋友。他俩成天形影不离，同桌吃饭，同席读书，同床睡觉，相处得很和谐。

有一次，他俩一块儿去劳动，在菜地里锄草。两个人努力干着活，顾不得停下来休息，一会儿就锄好了一大片。

只见管宁抬起锄头，一锄下去，"当"的一声，碰到了一个硬东西。管宁好生奇怪，将硬东西周围的泥土翻过来。黑黝黝的泥土中，有一个黄澄澄的东西闪闪发光。管宁定睛一看，是块黄金，他就自言自语地说了句："我当是什么硬东西呢，原来是锭金子。"接着，他不再理会了，继续锄他的草。

"什么？金子！"不远处的华歆听到这话，不由心里一动，赶紧丢下锄头奔了过来，拾起金块捧在手里仔细端详。

管宁见状，一边挥着手里的锄头干活，一边责备华歆说："钱财应该靠自己的辛勤劳动去获得，一个有道德的人是不可以贪图不劳而获的财物的。"

华歆听了，口里说"这个道理我也懂"，手里却还捧着金子左看看右看看，怎么也舍不得放下。后来，他实在被管宁的目光盯得受不了了，才不情愿地丢下金子回去干活。可是他心里还在惦记金子，干活也没有先前努力，还不住地叹气。管宁见他这个样子，不再说什么，只是暗暗地摇头。

又有一次，他们两人坐在一张席子上读书。正读得入神，忽然外面沸腾起来，一片鼓乐之声，中间夹杂着鸣锣开道的吆喝声和人们看热闹吵吵嚷嚷的声音。于是华歆起身走到窗前去看究竟发生了什么事，而管宁却不为所动，继续读书。

原来是达官显贵乘车从这里经过。一大队随从佩带着武器、穿着统一的服装前呼后拥地保卫着车子，威风凛凛。再看那车饰更是豪华：车身雕刻着精巧美丽的图案，车上蒙着的车帘用五彩绸缎制成，四周装饰着金线，车顶还镶了一大块翡翠，显得富贵逼人。

华歆完全被这种张扬的声势和豪华的排场吸引住了。他嫌在屋里看不清楚，干脆连书也不读了，急急忙忙地跑到街上跟着人群尾随车队细看。

管宁目睹了华歆的所作所为，再也抑制不住心中的叹惋和失望。等到华歆回来以后，管宁就拿出刀子当着华歆的面把席子从中间割成两半，痛心而决绝地宣布："我们两人的志向和情趣太不一样了。从今以后，我们就像这被割开的草席一样，再也不是朋友了。"

由此可见，志不同道不合，便难以成朋友。真正的朋友，应该建立在共同的思想基础和奋斗目标上，一起追求、一起进步。如果没有内在精神的默契，只有表面上的亲热，这样的朋友是无法真正沟通和相互理解的，也就失去做朋友的意义了。

关于"手"其实还有很多有趣的话题。比如"看"这个字。

看，用眼睛即可，怎么还有手的事呢？

看是远望的意思，向远处看往往要用手遮阳，孙悟空就爱做这个动作。

再有，"弄"这个字大家都不太熟悉，但你看三只手在一起，谁有三只手？小偷啊，因此这个字念"爬"，扒手，就是小偷的意思。还有"打"这个字，光解释就有许多种，搞的有些刚刚学汉语的外国人云里雾里，有个笑话说他们知道"打"意味着击打，敲打。但面对汉语，还是禁不住问"为什么饭也可以打？水也可以打？车也能打？连人都能打成一片，却代表人缘好的意思？"

汉字是奇妙的文字，汉语是动听的语言，这是毋庸置疑的，我们为自己掌握了如此复杂的文字和语言而感到骄傲自豪吧。

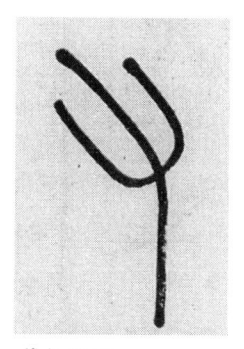

描一描

篆书"又"

背一背

益者三友，损者三友。友直，友谅，友多闻，益矣。友便辟，友善柔，友便佞，损矣。——《论语》

想一想

想想你身边熟悉的人，有没有"益友"？他符合古人所说的"益者三友"中的哪一类呢？

做一做

心灵手巧，会干活，干活细致的人大多不会太笨。常锻炼自己的双手，让自己勤劳起来。

止

——停下来的智慧

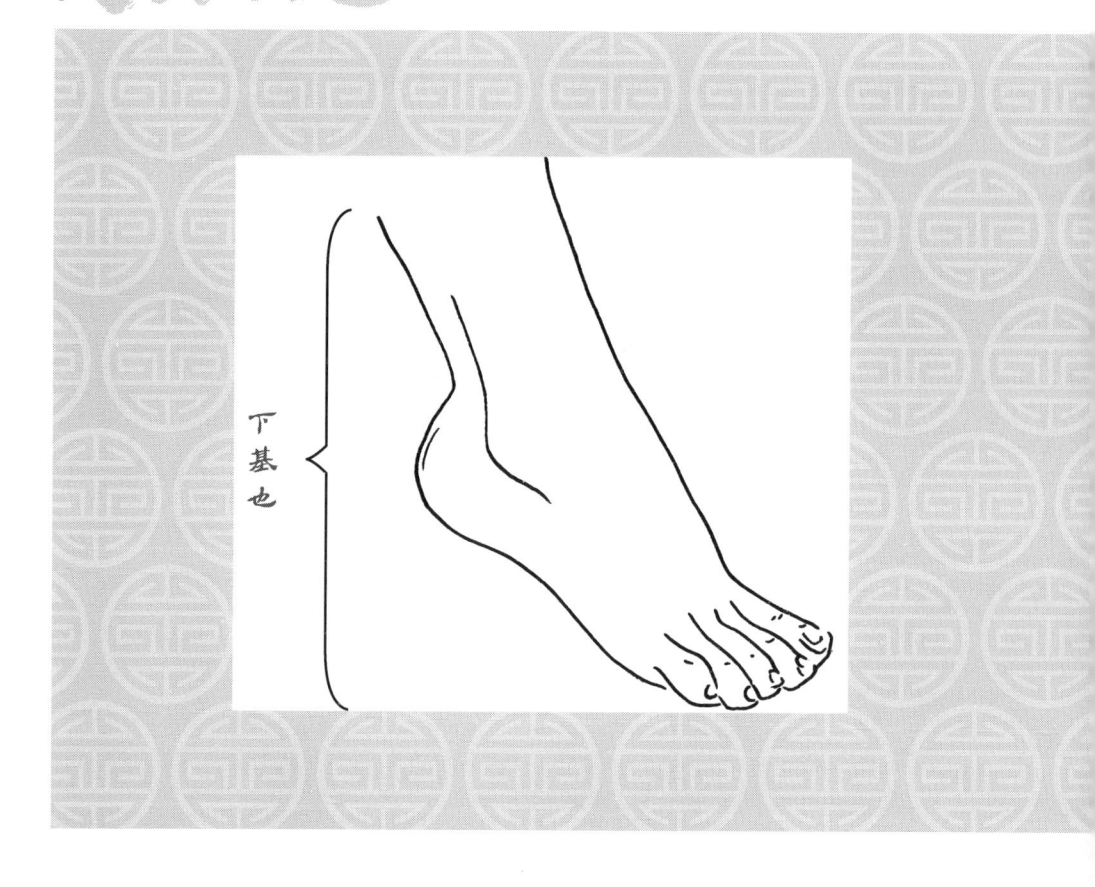

板书伴阅读

下基也

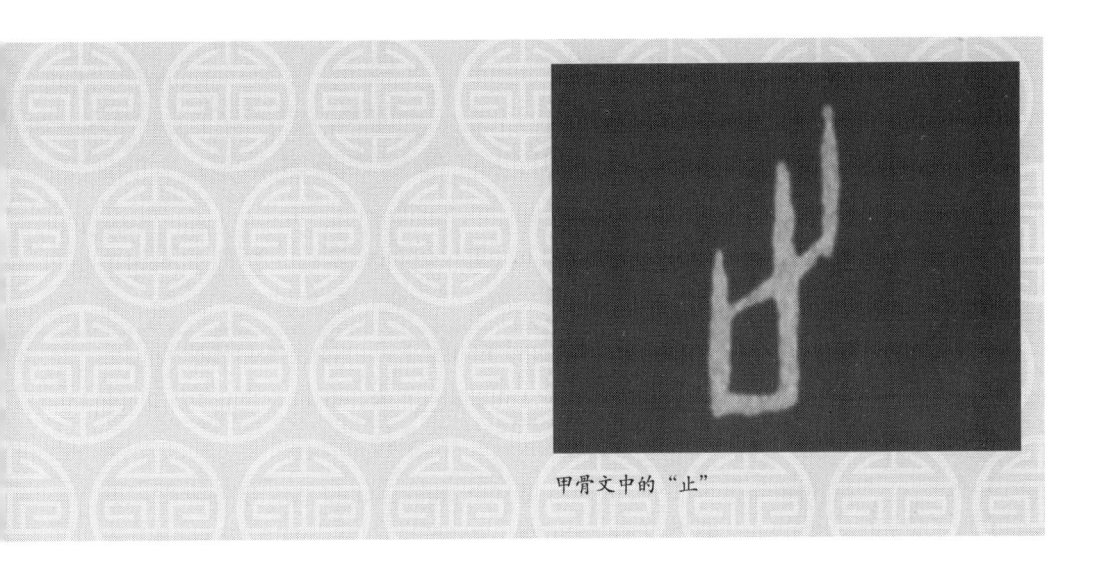

甲骨文中的"止"

脚，作为身体最下部接触地面的部分，是人体重要的负重器官和运动器官。

请看上图这个甲骨文，这个字表示脚的意思，但并不是"脚"这个字，而是"止"。我们可以清晰地看到脚掌和三个脚趾，之所以有三个脚趾，是因为表达脚趾的意思就行了。接下来我们看看"止"的演变过程：

篆书"止"（秦·石鼓文）

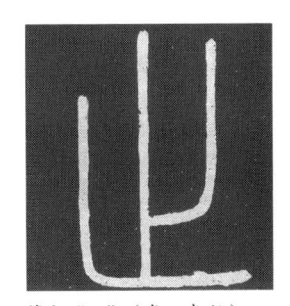

篆书"止"（秦·李斯）

隶书"止"（汉·曹全碑）

楷书"止"（唐·颜真卿）

在《说文解字》中,"止"的本义是:

> 下基也。象草木出有址,故以止为足。

这句话的意思就是以底部为基础,就像草木长出地面有根茎一样。所以用"止"来表示"脚"。止,用来行走,怎么后来引申为停下来、停止的意思呢?因为既然用脚行走,它也能够停下来,所以它既能表示行走负重的工具,同样也可以表示停下来。

"学无止境"这个词就是说学习是没有尽头的,我们要与之终身相伴。我们这一生,其实就是行走在"学"的路上。有的人一听到学习就很头疼,其实你每时每刻都在学习,我们能说一岁的孩子没有在学习吗?他们看着大人的行为模仿,就是学习,我们最初的学习就像猴子一样,以模仿为基础。渐渐我们有了自己的判断,有了自己的思考,随着年龄增长,我们开始有分辨地学习,我们知道好的要学,坏的不能学,所以"学"这个字不仅仅指坐在教室里拿着书学习。生活就是大课堂,你能说今天你就停下了学习的脚步吗?我们每天其实就做着一件事情,无时无刻地"学习",区别就是学好还是学坏,收获小还是大。

提到"止",《大学》的第一句是这样写的:

> 大学之道,在明明德,在亲民,在止于至善。

第一段出现了"止"这个字。做人的要义,在于彰显人自身所具有的光明的德性,然后推己及人,使人人都能够获得自新,精益求精,做到最完善,并保持这种状态,"止"就是停在那个近乎完美的境界。

接着后面写道:

> 知止而后有定,定而后能静,静而后能安,安而后能虑,虑而后能得。物有本末,事有终始,知所先后,则近道矣。

知道应该达到的目标，你才能够志向坚定，志向坚定，才能够沉静下来，沉静才能够心神安宁，心神安宁才能够深刻思虑，思虑过后你才能够有所收获。因此在这里，"止"是本，"得"是末，我们不能本末倒置，前后顺序不能乱，也不可能乱。

为了说明得更清楚些，我们暂且用下图表示一下：一座高山，我们的目标是峰顶。峰顶就看作止，这就是至善的位置。当我们有了目标之后，这就叫志有定向。当人有了人生方向之后，多遥远也不怕，我们一直向那里努力。今天我们讲的是人生追求的终极目标，我们生活的目标，如果只是物质的，那不叫终极目标。后来我们会发现，至善是终极目标。到达了至善，就等于拥有了生活的智慧。

当志有定向后，人的心就应该静下来而不再纷乱。心无妄想这个境界是不容易达到的。有个故事分享给大家。

毛主席在长沙读书期间，每天故意让自己坐在闹市口看书。也就是在街上最热闹的地方，他每天都坐在那里看书，以培养自己的静心、恒心。在后来的战争过程当中，无论遇到多么棘手和纷繁复杂的问题，毛主席都能保持冷静沉着和专注的品质，这与早年的自我锻炼是分不开的。

定而后能静，这个静就好像宁静的月夜一样，你的心不纷乱，很和谐，外界自然不会干扰到你。如果你的目标很容易被摧毁，别人一句话就让你放弃了理想，那就有问题了。毛主席特意到闹市去看书，看书的时候，周围一切对他来说都是安静的。他所有的注意力都集中在所看的书上，这就叫静而后能安，安而后能虑。如果你的心像湖水一样，起了波澜了，受了干扰了，你就没办法"虑"。这就是为什么我们强调要时刻保持平静。这个境界很难达到，所以我们要修身，因为达不到才修。平静了，你自然能够冷静地思考，所以虑而后能得。就好像透过平静的湖水你能看到湖底一样。

描一描

背一背

大学之道，在明明德，在亲民，在止于至善。知止而后有定，定而后能静，静而后能安，安而后能虑，虑而后能得。物有本末，事有终始，知所先后，则近道矣。——《大学》

想一想

现代人生活节奏很快，有人说生活节奏快意味着效率很高，你同意这种说法吗？运用今天所学简单分析。

做一做

给爸爸妈妈洗一次脚，这是迈向"止于至善"的第一步。

足

——在路上

板书依伴阅读

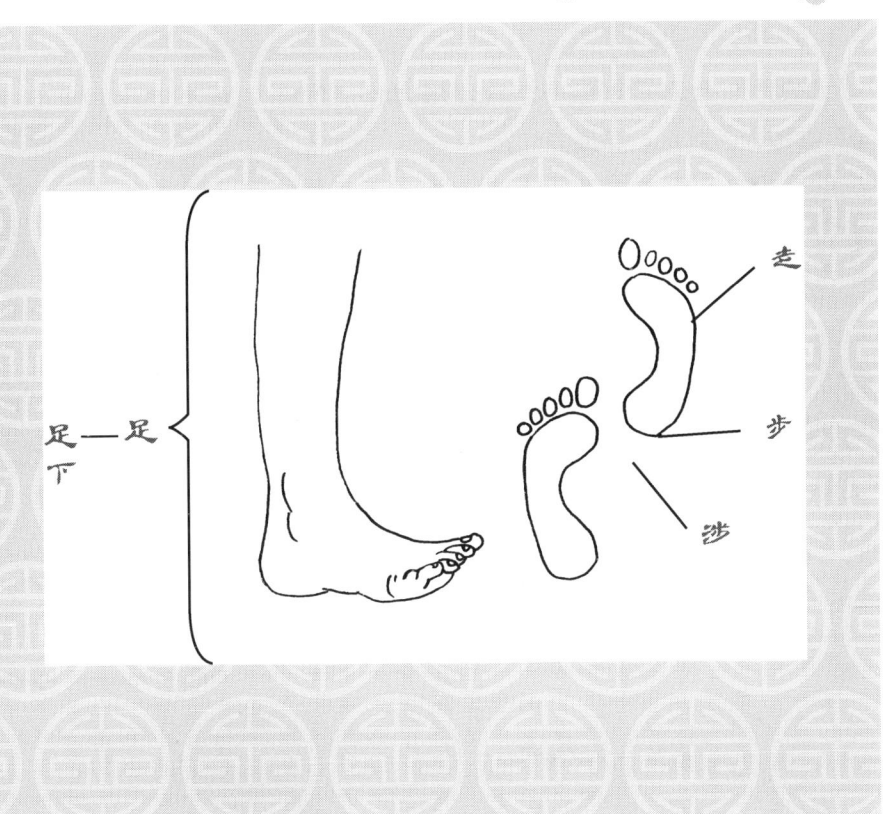

足—足下

走
步
涉

一才之能

甲骨文中的"足"

我们经常说做事要脚踏实地，一步一个脚印，每一个脚印都是你人生经历的注脚。很多人总想着在有生之年找个机会"远足"，其实，从一个人呱呱坠地，到临终，都是远足的过程。我们完全可以让自己的生活不"苟且"，在每一步走出去的时候，都那么扎实。下面，我们就来一起看看"足"这个字。

篆书"足"（元·赵孟頫） 隶书"足"（汉·曹全碑） 楷书"足"（唐·欧阳询）

"足"，上面的那部分不是"口"，而是小腿肚子，最初的足是腿肚子丰满的样子，比喻气力很足。

在《说文解字》当中，"足"的意思是：

> 人之足也。在下。

汉字里的国学 ｜ 一一四

所以"足"有两个意思，一个是指"脚"，一个指"充足"。带有足字旁的字，大多强调力量。

关于"足"这个字，我们会想到《道德经》中的一句名言：

> 合抱之木，生于毫末；九层之台，起于累土；千里之行，始于足下。

很粗的大树是从微小的种子长起来的，高台是用土一点点累积起来的，千里长路要从脚下开始一步步走。任何事情都要从一点一滴的小事做起。

这句话中的"足下"，还有一个意思，表示对对方的敬称。关于"足下"的典故，我们要从春秋时期说起。话说晋公子重耳在外逃亡19年，后来重耳回到晋国当了国君，即晋文公。晋文公欲封赏有功之人，却忘了封赏当年跟随他逃亡并割大腿肉让他食用的介子推，而介子推也不愿接受封赏，带老母隐居到绵山之中。晋文公知道后，派人去绵山寻找，介子推避而不见，于是晋文公用烧山的办法想迫使他出山。没想到介子推坚持不出，母子都被烧死了，人们在一棵树旁发现了介子推母子的尸体。晋文公十分悲痛，于是令人砍下这棵大树制成木屐穿在脚下，每次看到木屐的时候都会说："悲乎，足下！""足下"一词由此而来，逐渐演变成对他人的敬称。

介子推
春秋时期晋国人，因"割股奉君"、隐居"不言禄"之义举，深得世人怀念。

人生的路就在脚下，介子推走得慷慨，走得有气节，我们虽然不能像他走得这般英勇，但在生活中也一定要走得扎实，走得坚定。

"走"这个字，在古时候的意思跟现在不一样，走在《说文解字》中指的是：

晋文公重耳

◆ 趋也。◆

杨万里的《宿新市徐公店》中有这样的诗句：

◆ 儿童急走追黄蝶，飞入菜花无处寻。◆

这句话中的"走"，就是小跑的意思。再比如"奔走相告"中的"走"，意思也是小跑。

我们来看一看"走"这个字的演变过程。早期的字形像一个甩开双臂，跨着大步的人，强调了下面的那只脚。

篆书"走"（秦·石鼓）

篆书"走"（清·邓石如）

隶书"走"（清·桂馥）

楷书"走"（明·文徵明）

右图甲骨文表示两只脚交替行走，但这个字却不是"走"，而是"步"。"步"在《说文解字》中的含义是：

◆ 行也。◆

也就是我们现在所说的行走。

甲骨文中的"步"

再来看右图这个字，从字形上我们能看出是两只脚跨过一条河流，很显然这个字的本义一定是过河的意思。对，这就是"涉"这个字。

甲骨文中的"涉"

篆书"涉"（秦·石鼓文）

篆书"涉"（清·邓石如）

隶书"涉"（汉·石门颂）

楷书"涉"（唐·柳公权）

"涉"在《说文解字》中的意思是：

> 徒行瀝水也。

就是蹚水过河的意思。那么"跋涉"这个词的意思也就明白了：翻山越岭，蹚水过河，形容路途遥远，比较艰难。

这不禁让我们想起了白居易写的送别诗《南浦别》：

> 南浦凄凄别，西风袅袅秋。
> 一看肠一断，好去莫回头。

在南浦凄凉愁苦地分别，秋风萧索黯淡。回头看一次就肝肠寸断，好好离去吧，不要再回头了。

古代没有那么发达的交通工具，如果去拜见一位朋友，必是跋山涉水，舟车劳顿。走了很长很长的时间才能见到故友，见面定是极欢喜的。可是，终有离别的时刻，送君千里，终须一别。这一别又不知何时再见。那即将到来的告别，读来格外令人酸楚，倍增离愁。

让我们从离别的思绪中走出来，人生的整个经历就是聚在一起，然后散去，再聚在一起，再散去。行走在路上，就是要有遇见和分别。于是就有了诗和远方。

描一描

背一背

合抱之木，生于毫末；九层之台，起于垒土；千里之行，始于足下。

——《道德经》

做一做

真正体验一次远足旅行，风景一定独好。

武

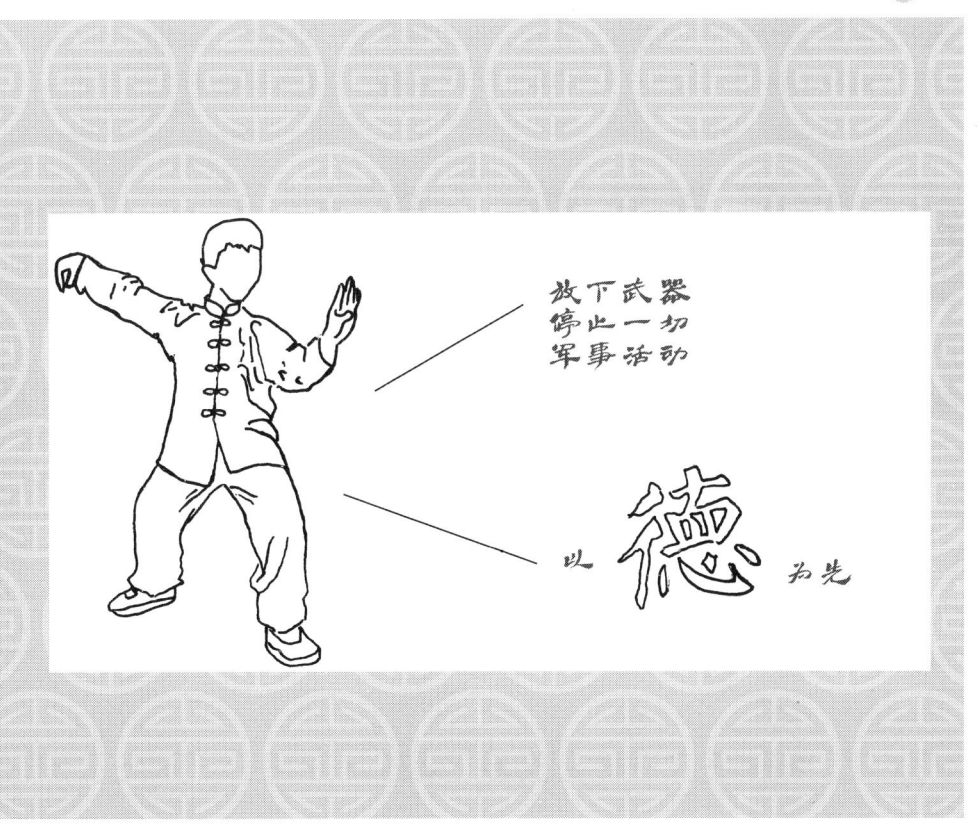

——放下

板书伴阅读

放下武器
停止一切
军事活动

以 德 为先

上面这个在毛公鼎上出现的铭文，你能看出是什么吗？能不能看出这是一个古代的兵器？这个字中有个"戈"。它是一种曲头兵器，横刃，用青铜或铁制成，装有长柄。而我们清晰地看到"戈"这个字的左侧下面有个"止"字，这就是"武"。

篆书"武"（秦·李斯）　　隶书"武"（汉·曹全碑）　　楷书"武"（唐·柳公权）

一提到"武"这个字，我们自然会想到那些武术大师、武功盖世的大侠，他们都是功夫了得的人。可这个字的组成却耐人寻味，"止住武器"，并不是我们理解的比武和战斗，而是放下武器。《说文解字》中，对"武"的解释是这样的：

> 夫武，定功戢兵。

这句话的意思就是建功立业,把兵器都藏起来,停止一切军事活动。

这让我们思考"武"的最高境界到底是什么?不到迫不得已,绝不动"武",这就给"武"赋予了非常深厚的"德行",武德。

在《左传》中,左丘明写了这样几句话来说明武德。武有七德。分别是:

> 禁暴、戢兵、保大、定功、安民、和众、丰财。

这几个词的意思就是,杜绝暴力,平息叛乱,使军事活动停止,护佑君主,建立功勋,安抚群众,团结人民,积累财富。这里的"武德"不是针对个人,而是针对整个国家的要求。

随着历史的前进,很多东西在变化,但真理是不变的,当今的武德指的又是什么呢?我们来回想一下我国近代有名的武术家霍元甲的故事。

霍元甲是天津市西青区精武镇小南河村人,爱国武术家,迷踪拳第七代传人。他创办了精武体育会,培养了大批武术人才,为强健国民体质、传承

霍元甲
爱国武术家,迷踪拳第七代传人。

武术文化做出了突出贡献。1909年春,英国大力士奥皮音来上海登台表演举重,一连表演了好几个晚上,到最后一场,他扬言,愿意跟华人比试角力。言谈话语中,多少带着轻蔑的口吻。第二天这个消息就刊登在了报纸上,沪人看后一片哗然。于是陈有美、农劲荪、陈铁生、陈公哲等"都想着聘请技击的名家,登台与奥皮音比赛,以显示炎黄子孙之精神"。

霍元甲接到邀请,便带着他的徒弟刘振声于1909年3月赶到上海商谈比武这件事,并商定"用摔跤方式,以身倒地上分胜负"。

于是,发起人开始筹措资金在上海静安寺路张园内搭建了"高四尺,宽二十尺"的擂台。六月中旬下午四时,比赛的时间已到,但奥皮音因为听说霍元甲武艺非常高强,临阵脱逃,并没有来。就这样,霍元甲名扬上海。

再看著名的武术家黄飞鸿。他是清末民初很有代表性的洪拳大师,岭南武术界的一代宗师,还是济世为怀、救死扶伤的名医。

光绪年间,黄飞鸿在广州仁安里设"宝芝林"医药馆。福军首领刘永福亲

自为宝芝林题写"技艺皆精"的匾额，并聘黄飞鸿为福军技击总教练，后来，黄飞鸿跟随刘永福到台湾英勇抗倭。

这些武术大师都用自己一生的行为来印证着真正习武之人应具备的德行——保家卫国，除暴安良，孝悌正义，屈己待人。

这就好像某个影片中，叶问在与日本人比武时的画外音："武术，虽然是一种武装的力量，但是我们中国武术包含了儒家的哲理，也就是推己及人。"

黄飞鸿
著名洪拳大师，岭南武术界一代宗师。

叶问
咏春拳一代宗师。

这也说明了武术的缘起是为了强身健体，为了从中得到人生哲理。而学会了它的人，要看把武术用在了什么地方，是不是符合"德行"，符合武术中的"道"。真正的武术大师就是因为把这个道理理解得非常透彻并且践行之，才会让后世敬仰。

描一描

背一背

夫武，禁暴、戢兵、保大、定功、安民、和众、丰财者也。——《左传》

查一查

在中国武术中，形意拳指的是什么样的拳法？

想一想

在我国，为什么武功越高强的人，做事越低调？

做一做

　　八段锦功法是一套独立而完整的健身功法，起源于北宋，至今已有八百多年的历史。古人把这套动作比喻为"锦"，意为五颜六色，美而华贵，体现其动作舒展优美。练习无需器械，不受场地局限，简单易学，节省时间，作用显著，适合男女老少。请试着学做八段锦。

元首
——起心动念的源头

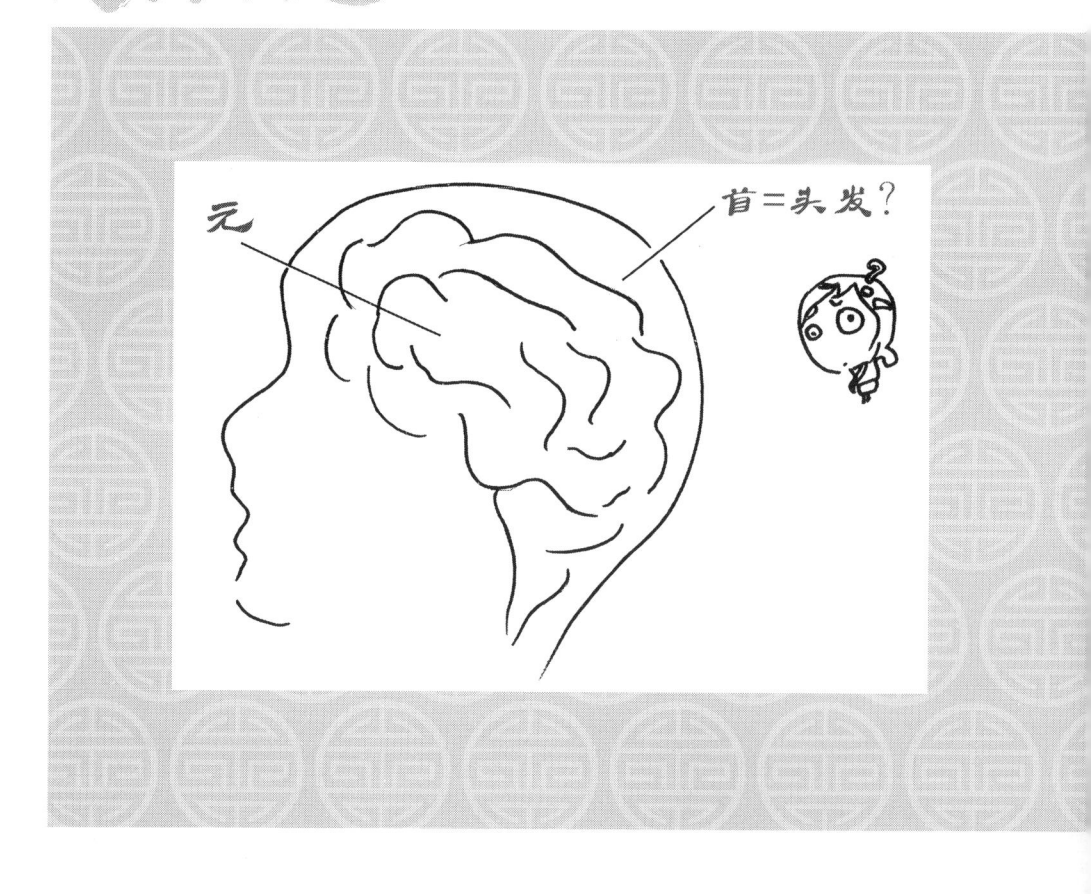

板书伴阅读

元

首＝头发？

甲骨文中的"元"

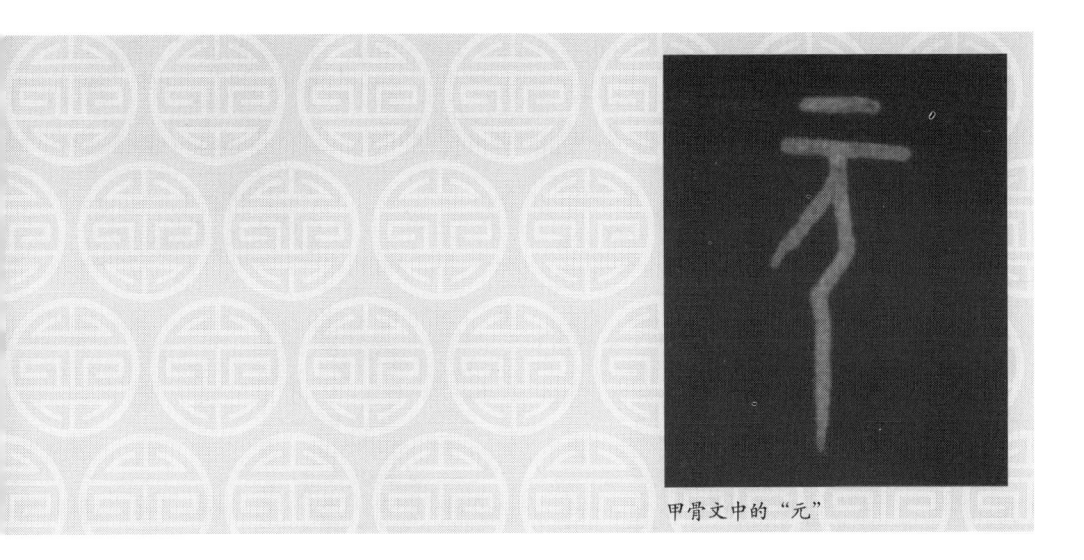

爱默生曾经说过这样的话：怎样思想，就有怎样的生活。是啊，思想决定言行。一个人的大脑中源源不断产生各种念头，产生各种思想。古人到底是怎么定义头的呢？

在汉字中，表示"头"这个部位的字有好几个：头，首，元，页等。今天我们以"元首"二字为例，讲一讲人的"头"。

上图甲骨文中我们看到人的最上面的部分为"元"。

篆书"元"　　隶书"元"（汉·乙瑛碑）　　楷书"元"（唐·柳公权）
（汉·袁安碑）

在《说文解字》中，"元"的意思是：

> 始也。

元，表示一切事物的开始。这个本义从"元"的构字

一二五 ｜ 一才之能

来看就能看得懂。我们现在熟知的跟这个本义有关的词语有元旦、纪元、元年、元月、元日等。

"元"其实指的是头颅内包裹的大脑、小脑、脑干、脑髓等部分。

再来看"首"这个字。

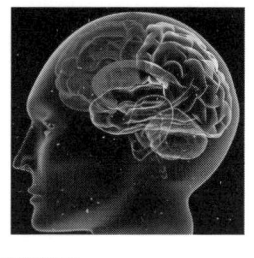

甲骨文中的"首"

篆书"首"（清·赵之谦）

隶书"首"（汉·史晨前后碑）

楷书"首"（隋·智永）

上面的"巛"代表了头发，中间的横是头盖骨或头皮，下面的"自"就是眼睛或者鼻子，表示颜面。所以"首"这个字表示头面，头颅。这里要重点讲一下这个字突出的"巛"字。古人束发留须，源于：

◀ **身体发肤，受之父母，不敢毁伤。** ▶

身体四肢、毛发皮肤，都是父母赋予的，不能予以损毁伤残，这是孝顺的开始。

因此，头发对于古人来说意义不亚于头颅。

我们知道，古时候女子是否已经出嫁，看发型就能了然。主要表现在额前的刘海和头后的发髻上。

而古时候的男子到了二十岁，要为他们举行一次"成人礼"的仪式。男行冠礼，就是把头发盘成发髻，谓之"结发"，然后再戴上帽子，在《说文解字注》中有这一句话：

> 冠，弁冕之总名也。

因为古人束发是正常状态，因此在秦始皇时期发明了一种刑罚，叫髡刑。指剃光犯人的头发和胡须，以人格侮辱的方式对犯人实施惩罚。

《三国演义》中曹操"割发代首"的故事也同样表明了头发对人的意义。有一次在行军的时候曹操下达了一个命令，不得践踏农田，谁的马如果踩了农田那是杀头的罪。所以曹操的那些骑兵全部下马步行，一只手牵着马，另外一只手用武器把麦子护住，小心翼翼地走。曹操自己没有下马，不料马受惊了，一下子跳到麦田里面，曹操的马践踏了麦田。曹操马上下马，把军法官叫来说，该当何罪？军法官说，杀头。曹操说那就请你行刑吧。可是那怎么可以呢，统帅怎么能够被杀头呢。曹操说那没有办法，就割一把头发吧，自己拔出剑来把头发割了一束扔在地上，表示受罚了。

《尚书》中有这样的话：

> 元首明哉，股肱良哉，庶事康哉。

这句话的意思是，一国之君是个明君，大臣都是贤良之人，那么百姓就会安居乐业。可见元首的重要性。

现在我们提到元首，想到的肯定是某国的头号领导人，其实那是"首"，而"元"的含义被忽略。举例子来说，英国有女王，有首相。女王就是"元"，出头露面的首相才是"首"。

文言文中用字很精准，学习它能让我们更好地掌握与古人"交流"的金钥匙。

描一描

背一背

元首明哉，股肱良哉，庶事康哉。——《尚书》

做一做

为父母做一次头部按摩。让他们因为你的按摩而感到神清气爽、精神百倍。

知行合一

经

——不变的「命脉」

板书依伴阅读

不动

不变

甲骨文中的"丝"

在人类文明的发展史上，能够流传千古的无论是无形的思想，还是有形的艺术瑰宝，都被后人称作"经典"。为什么用这两个字来代表如此有分量的意思呢？它们的本义又是什么？

我们先来看上图的这个甲骨文。像很多股线缠绕在一起，这就是"丝"字。我们都知道，丝是蚕吐出来的，结成蚕茧之后，通过人为的缫丝技术，把蚕丝抽取出来。相传种桑养蚕之法，源于黄帝的妻子嫘祖。

传说，黄帝战胜蚩尤之后，带领大家发展生产，而做衣冠的任务就交给了嫘祖。有一次，嫘祖忽然生病了，什么都不想吃，几个女人悄悄商量，决定上山摘些野果回来给嫘祖吃。在一片桑树林里，她们发现树上结满了白色的小果。几个人尝了尝，发现怎么也咬不烂，于是就带回来让嫘祖看。嫘祖仔细端详后，又询问这个白色小果是从哪里得来的。几个女子把来龙去脉一讲，嫘祖高兴地对她们说："这不是果子，不能吃，但却有大用处。你们为黄帝立下一大功。"

说来也怪，嫘祖自从看了这种白色小果后，天天都提起这件事，病情也一天比一天减轻，开始想吃东西了。不久，她的病就全好了。她不顾黄帝劝阻，亲自带领妇女上山要看个究竟，嫘祖在桑树林里观察了好几天，才弄清这种白色小果，是一种虫子口吐细丝绕织而成的，并非树上的果子。她回来就把此事报告给了黄帝,并要求黄帝下令保护山上所有的桑树林。黄帝同意了。

从此,在嫘祖的倡导下,开始了栽桑养蚕的历史。后世为了纪念嫘祖这一功绩,就将她尊称为"先蚕娘娘"。于是,中国也就成为世界上最早从事植桑、养蚕、缫丝、织绸的国家,蚕丝也成为中国古老文化的象征。

小朋友喜欢养蚕,愿意观察蚕吐丝结茧的过程。可是在古代,养蚕可不是为了娱乐消遣,而是为了生计。

宋代诗人张俞曾写下这样的诗句:

> 昨日入城市,归来泪满巾。
> 遍身罗绮者,不是养蚕人。

大致意思就是,昨天我进城去卖丝,回来时泪水湿透了手巾。为什么会这么伤心呢?是因为我看到了穿绫罗、着绸缎的富人,竟然没有一个是养蚕的人。

可见,养蚕就是为了制成丝绸供人享用,同时我们发现养蚕缫丝织绸的过程是很不容易的,丝绸在古代主要是富人享用的。

明朝,有位科学家叫宋应星,他写了本书叫《天工开物》①,这本书是世界上第一部关于农业和手工业生产的综合性著作,外国学者称它为"中国17世纪的工艺百科全书"。上面记载着非常详细的养蚕缫丝过程。

宋应星
明末清初著名的科学家。

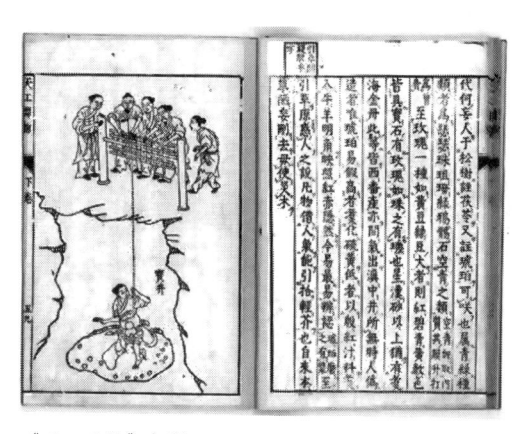

《天工开物》书影

---

① 《天工开物》初刊于1637年(明崇祯十年),共三卷十八篇,全书收录了农业、手工业各类生产技术,诸如机械、砖瓦、陶瓷、硫黄、烛、纸、兵器、火药、纺织、染色、制盐、采煤、榨油等。

蚕在筛席上结茧　　　　缫丝过程

一根丝来之不易，注定了丝绸的华贵和神秘，同时吸引了外国人的眼球。中国古代劳动人民发明并大规模生产丝绸制品，开启了世界历史上第一次东西方大规模的商贸交流，从西汉起，中国的丝绸不断大批地运往国外，成为世界闻名的产品。从中国长安经河西走廊到西亚、欧洲去的商路，被称为"丝绸之路"，中国也被称为"丝国"。

以下是"丝"的字形演变过程。

篆书"丝"（清·赵之谦）　　隶书"丝"（元·赵孟頫）　　楷书"丝"（唐·颜真卿）

看到"丝"的演变过程，我们就自然地懂得了"绞丝旁"的来历。现在我们来认识"经"的右半边，先看下边两幅图。第一幅图上，人们正在往经架上缠绕着丝线。第二幅图就能非常清晰地看出这是经架的模样。这就是"经"最初的写法。

以下是"经"的字形演变过程。

大篆"经"（周·毛公鼎）　小篆"经"（秦·李斯）　隶书"经"（元·赵孟頫）　楷书"经"（唐·颜真卿）

大篆的"经"非常像经架。到了小篆，在字的左侧又加了"丝"这个部件，代表与丝线有关。再后来的隶书和楷书中，我们依旧可以看到这个字右边还存有"绕经架"的影子。

"经"这个字在《说文解字》中的意思是什么呢？

◆ 织也。从糸𢀖声。 ◆

"经"一开始就跟丝线纺织有关。那么为什么智慧传承久远的典籍就叫"经典"呢？

段玉裁在《说文解字注》中这样表达：

◆ 织之从丝谓之经。必先有经而后有纬。是故三纲五常六艺谓之天地之常经。 ◆

我们看到在织布机上，纵向缠绕的丝线相对来说是不动的，而织布机上的梭子带着丝线横向穿梭其中，必定是先有纵向不动的"经"而后有横向的"纬"。这就让我们联想到地球仪上表示坐标位置的经线纬线，纵向的叫"经线"，而横向的叫"纬线"，更懂得了为什么"经"这个字引申为不变、恒常的意思。

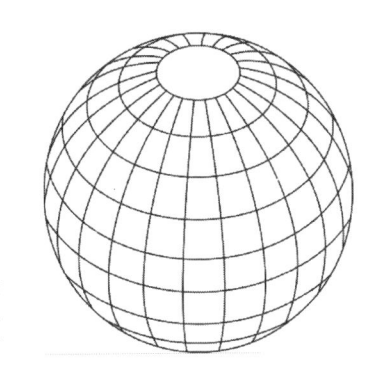

　　灿烂的中华文明所留下的古圣先贤的思想是历久弥新的，经过几千年的淘洗从未褪色。这便代表着不变，代表着恒常，因此"经"便成为了那些圣人所留下的著作的称谓。如儒家的"十三经"，道家的《道德经》《南华真经》等。

描一描

查一查

丝绸之路对于整个世界来说有怎样的影响？

做一做

养一只蚕宝宝，观察它从长大到吐丝结茧再到破茧成蝶的过程。

典

——捧出敬畏的心

板书伴阅读

甲骨文中的"典"

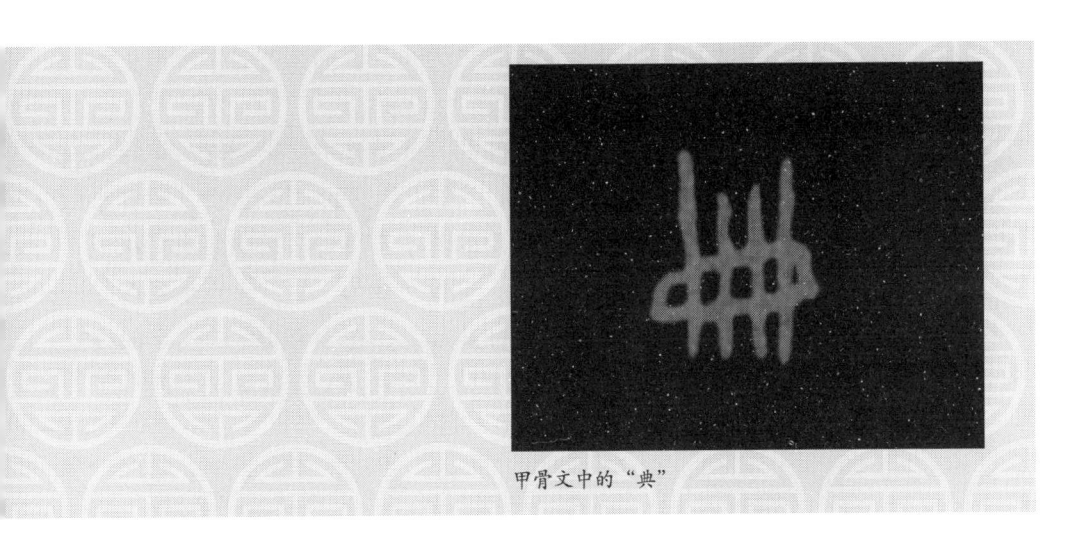

我们都知道，古人对待书的态度是非常恭敬的，这是为什么呢？

让我们从文字发展及承载文字的材料史说起。在很久很久以前，文字还没有正式出现的时候，我们的先祖想要记事，曾用过把符号凿在岩石上的方法。例如下图，这是大麦地岩画，它位于宁夏回族自治区中卫市，岩画带面积约450多平方公里，遗存史前岩画1万幅以上。在方圆6平方公里的原始环境中遗存岩画个体图像达8 532个，平均每平方公里有个体图像1 422个，是国际公认的世界岩画"主要地区"规定标准的140多倍，堪称世界之最。但这种记录事件的方式肯定有麻烦的地方，随着人类社会的发展，便涌现出更多种记录事件的方式。

比如，把要表达的内容刻在陶器上。从陶器上的记事图案看，我们感受到的是真实的世界，天上的鸟、水中的鱼、山上的树、地上的草，无一不栩栩如生。在欣

大麦地岩画

赏彩陶所反映的远古艺术之余，我们还可以了解祖先认识世界的方式。

还有一种记录事件的方式就是把文字刻在龟甲片或者兽骨上，这就是我们所非常熟悉的"甲骨文"。甲骨指的是中国古代占卜时用的龟甲和兽骨。其中龟甲又称为卜甲，多用龟的腹甲；兽骨又称为卜骨，多用牛的肩胛骨，也用羊、猪、虎骨及人骨。在甲骨文中，文字的线条，开始摆脱单纯的物理线条意义，而逐渐被人赋予了某种超自然的神秘的意义。

龟腹甲

大汶口遗址·陶器文字

龟甲上的文字 　　兽骨上的文字 　　牛的肩胛骨

当然，还有在青铜器上铸刻的文字，我们称作"金文"；在丝制品上写的字，叫"帛书"。

金文　　　　　　　　　　　　帛书

以上我们所讲的古人记录文字所用的材料，无论是甲骨、青铜器还是丝制品，在当时都太昂贵。与此同时，人们开始从大自然取材，找到了竹子这种长势快、造价低、成本低的材料。如下图所示，这就是"竹简"，把这一片一片的竹简连起来，就是当时所谓的"书"。我们来看右侧这个甲骨文，这就是"册"字。我们称赞某个人有学问，常用"学富五车"这个词来形容。这个词来自战国人惠施的故事，据说他藏书很多，"其书五车"，即他的藏书丰富，可装五车。这里

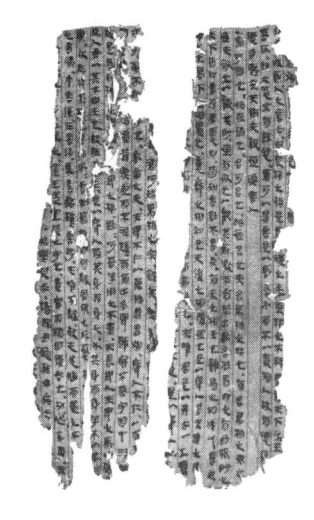

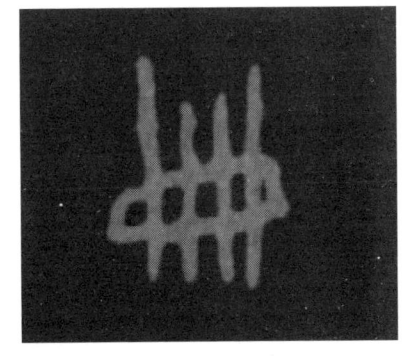

甲骨文中的"册"

竹简

所说的藏书就指用竹简（片）制成的书，每片竹简上刻有字，将竹片串起来就成了书册。当时的五车书虽与现在的五车书不可等量齐观，但拥有五车藏书也可谓"饱学之士"了。

下面是"册"的字形演变过程。

篆书"册"（元·周伯琦）　　隶书"册"（清·阮元）　　楷书"册"（唐·柳公权）

甲骨文中的"典"

由"册"这个字，我们再来看左边这个甲骨文。多像两只手捧着一本竹简书，这就是"典"。后来到了秦朝统一了文字之后，我们可以看到"典"被写成上面是竹简书、下面是"丌"的形式，"丌"代表尊阁，专门放书的地方。仔细想一想，什么样的书会让人双手捧出，或者恭恭敬敬地放在桌子上呢？这一定意味着这本书有重要的价值，所记录的内容是一种典范。在《说文解字》中，"典"的意思就是：

五帝之书也。

篆书"典"（元·赵孟頫）　　隶书"典"（汉·华山庙碑）　　楷书"典"（唐·褚遂良）

三皇五帝大家都听说过，伏羲、神农、黄帝的书，说的都是治国之大道。而少昊、颛顼、帝喾、尧、舜的书叫作"五典"，说的是为人的伦常规律，非常重要，可以用来教化百姓。

古人为什么对书这样恭敬？因为那时候任何记录文字的方式都不容易操作，要记录的一定是特别重要的事情。因此古人对书的恭敬得益于那时候书上记录的是圣贤之言，是历史。读书前，古人一般都要焚香净手。

直到今天，当我们接受别人的馈赠时，会双手捧过来，表示对对方的尊敬。我们能够深切地感受到这个动作是自然而然流露出来的。因此可以这样说，"典"的造字结构是非常智慧的，来源于生活。

到了后来，东汉蔡伦改造了造纸术。这是书写材料的一次革命。纸便于携带，取材广泛，纸的出现推动了中国、阿拉伯、欧洲乃至整个世界的文化发展。

纸的出现，方便了对文字的记录，加强了不同文明之间的交流，促进了文化发展。所以中国人对世界文化的贡献是极其巨大的。

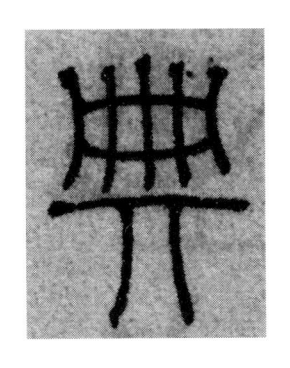

描一描

议一议

经典和精品的区别是什么？

背一背

"四书"包括《论语》《孟子》《大学》《中庸》。

"五经"包括《诗经》《尚书》《礼记》《周易》《春秋》。

做一做

1. 在正式场合，当有人赠给你物品时，你该怎样接受呢？
2. 把家中或者学校破损的书亲自补一补。

想一想

中国四大发明中的"造纸术"对人类文明具有怎样的意义？

学习

——知行合一的喜悦

板书陪伴阅读

学习内容
动手 — 实践
飞（实践）
从小
不断重复
知行合一

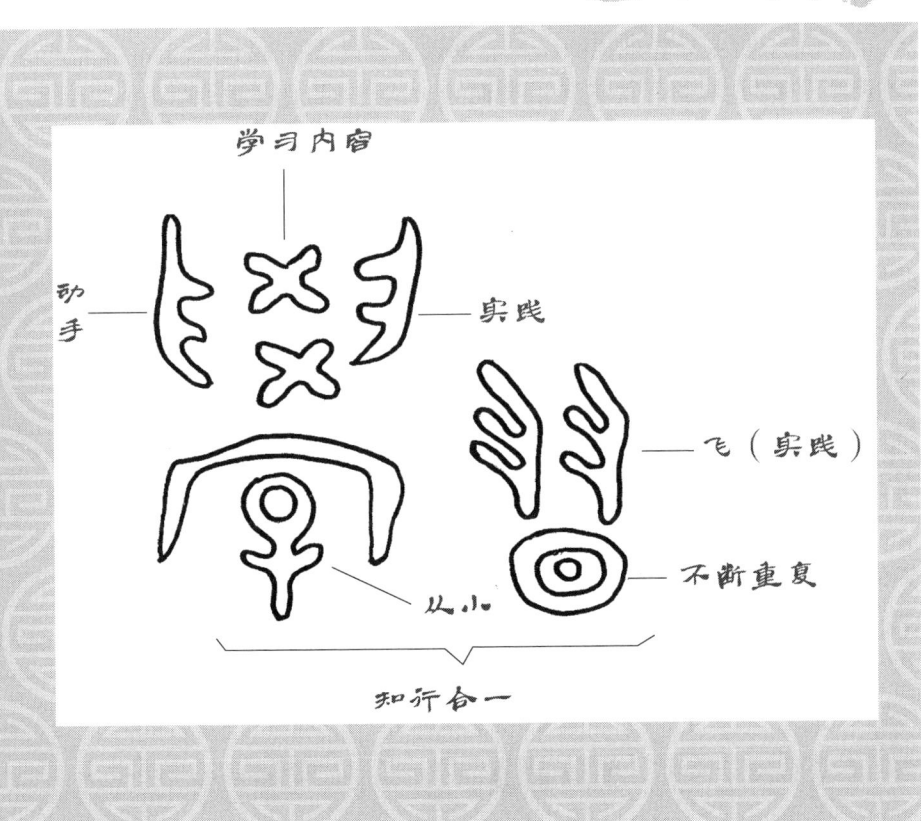

篆书"斅"（清·吴让之）

一说到"学习"，恐怕现在有不少的孩子存有"恐惧"之心，因为这两个字带给他们的感受多半是劳累的、痛苦的、厌倦的。摆在他们面前的高高一摞教科书和教辅材料，像要攻下的城池一样，那滋味可想而知。这与《论语》开篇所表达的根本不一样啊！

◆ 子曰：学而时习之，不亦说乎？ ▶

难道孔圣人在骗我们吗？回答当然是否定的。圣人如果说的是谎言，早就在历史中被淘汰了。其实是我们对"学习"的认识太狭隘了，以至于现在有的学生一听到"学习"二字便生畏惧之心，而无喜悦之感。

那我们就先来看看"学"这个字吧。要说这个字，我们先要提到上图这个篆书体的字——斅，这个字的读音同学校的"校"，而"學"是这个字的简略写法。

段玉裁在《说文解字注》中这样说：

◆ 学，篆文斅省。 ▶

也就是说,"学"与"敩"原来是一个字。现在我们来细细分析"学"这个字吧。

我们发现"学"这个字由四部分组成。

第一部分是拿着东西的那两只手,就是"臼"这个字,第二部分是中间的"爻",第三部分是下面的建筑物"冖",最后一部分是"子"。这每一部分都在向我们传递着一个信息:真正的学习必须动手,动手的含义不是我们现在所理解的动手写作业,而是说,学习的过程就是亲自实践的过程。"爻"表示古人用小棍摆算筹,计数的时候把小棍交错放着的样子。这个字涵盖了生活中所有要学习的事情。下面的"冖",跟"密"同音,代表了建筑物。最下面的"子"代表小孩子。我们可以这样理解,人从小就要开始学习,最重要的是亲自实践,比如走路、咿呀学语、吃饭等。

那"学"是什么意思呢?

篆书"学"

敩,觉悟也。

真正的觉悟,是彻底明白的意思。所以"学"就是对你要学习的内容不断地摸索实践,最终达到彻底明白。

篆书"学"(清·赵之谦)　　隶书"学"(元·赵孟頫)　　楷书"学"(唐·柳公权)

现在我们再来看看"习"这个字。在甲骨文中的写法如下图。

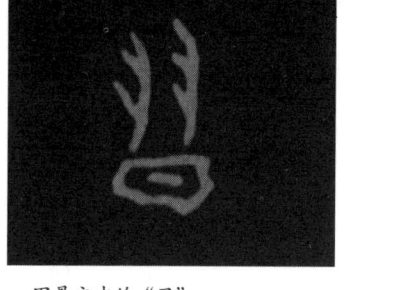

甲骨文中的"习"

篆书"习"（元·赵孟頫） 　　隶书"习"（元·赵孟頫） 　　楷书"习"（唐·颜真卿）

很明显，它分成两个部分，上面是翅膀，下面是太阳。造这个字的时候，古人用鸟翅膀上羽毛的形状，代表飞翔的样子。《说文解字》对"习"做出了这样的解释：

> 习，数飞也。

鸟学会飞翔绝不是一次性就成功的。它需要练习飞行无数次才能掌握飞行的要领。鸟不同于哺乳动物，我们可以看到刚出生的小牛、小羊一天就学会走路了，但鸟不一样，空中和地面不一样，因此"飞"这个动作要反复练习。在《礼记》当中，有这样的记载：

> 鹰乃学习。

这是现存文献中最早把"学习"二字连用的记载。这里的鹰指雏鹰，在夏季开始练习试飞。光学会了"飞"还不行，还要熟练掌握这门本领。因为今后残酷的生活之中它们要面临捕食、逃脱、迁徙等任务。这就是"习"真正的含义，就是面对要学的内容，不断地进行练习、温习、复习……"习"的引申义也就出来了。

现在再看"学习"二字，我们恐怕就会认识得更加深刻了：亲身实践所要学习的内容，彻底明白后不断地实践，最后变成习惯。

学习很重要，但更重要的是人到底要先学习什么呢？《论语》中有这样一段话：

> 子曰："弟子入则孝，出则悌，谨而信，泛爱众而亲仁。行有余力，则以学文。"

弟子应当在家孝敬父母，在外尊重师长，团结兄弟姐妹，谨慎做人，言而有信，有博爱之心，亲近有仁德的人，这些做人的准则都做到之后，再学习文化知识。

可见，圣人对学习的次序阐述得非常清楚，先要学会做人，再去学习那些"记问之学"。这种排序充满智慧。如果不考虑学习的次第呢？《弟子规》中这样说：

> 不力行，但学文；长浮华，成何人。

现如今，我们可以看到有一些有知识有文化、高学历的人却往往做出令人不解甚至不可理喻的事情，有的人甚至借自己所学的专业知识来坑害他人，这说明无论在哪个朝代，重视德行的教育、学习做人都是最关键的。

这时候我们就要提到孔门四科，即孔门弟子根据其学业特长分为四科：

> 德行，言语，政事，文学。

这八个字有力地告诉后人，德行的学习是人生中最为重要的，不可忽视，要从小孩子抓起。学完后要不断地在生活中实践，并养成良好的做人习惯，之后再学习文化知识，也就能用其中的营养来丰富自己。

文章的末尾我们还要提到这句话：

◀ 学而时习之，不亦说乎？ ▶

当一个孩子学会了孝敬父母，团结友爱，诚实守信，关爱他人，怎么会不幸福呢？当然是"不亦说乎"。可见，中国古人对于学习这件事是很有远见的，学习所带来的那种幸福感不是仅存在于一时，而是持续一生。

描一描

背一背

不力行，但学文；长浮华，成何人。——《弟子规》

做一做

离开自己的书桌，到厨房去，跟爸爸妈妈学做点家务，这也是学习。

查一查

报纸杂志和网络上有没有关于某些人利用自己的专业知识做坏事的新闻？他们的下场如何？我们要从中吸取怎样的教训？

想一想

学生的本分是好好学习。课堂上不好好学习,课下只知道吃喝玩乐的孩子,到底缺失了什么?长此以往会怎样?

创新

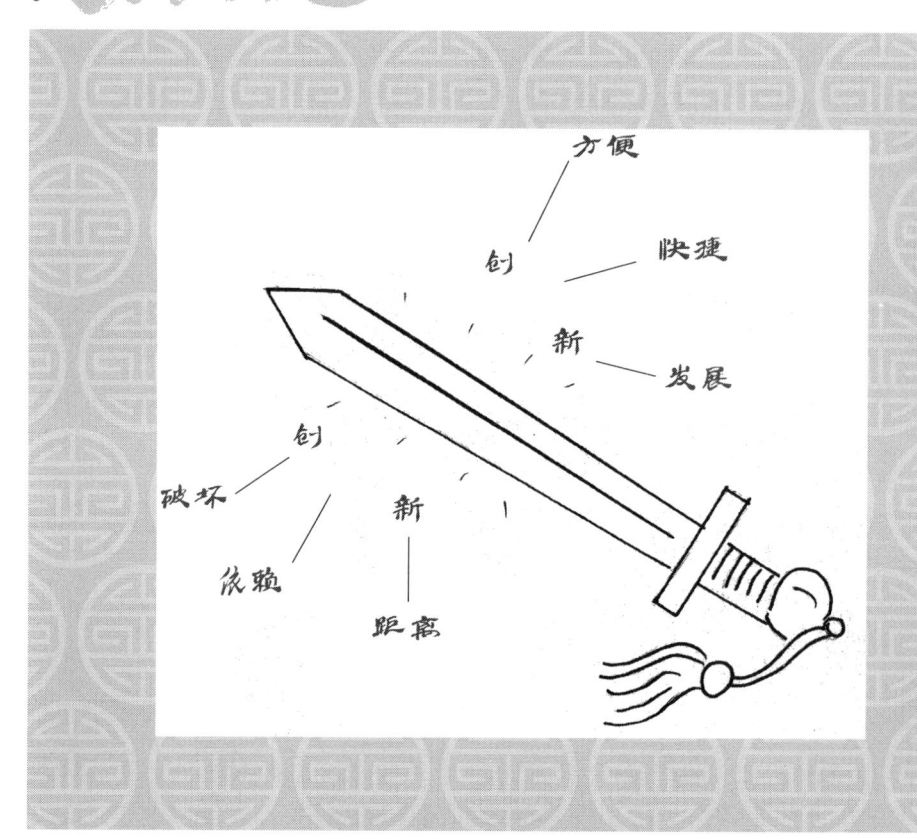

——一把锋利的双刃剑

板书陪伴阅读

```
          创 —— 方便
              —— 快捷
          新 —— 发展

     创
破坏      新
   依赖      距离
```

甲骨文中的"创"

当今社会中,"创新"这个词很受大家欢迎。那么真正好的创新,对国家和社会起了怎样的推动作用?面对各种创新思想或者观念、成果,我们该怎样来认识它们、使用它们?"创新"有没有在推动社会发展的同时,也带来了负面影响呢?

让我们先来看看"创"这个字。

古时候,"创"同"疮",表示一个人身上有刀伤,见上图甲骨文中的"创"。

后来又加了一个声旁,即左侧的"仓"。右侧是一把刀,表示"受伤"的意思。

篆书"创"　　隶书"创"(汉·西狭颂)　　楷书"创"(唐·颜真卿)

可实际上，古时"创"字同"刱"（音同"创"）这个字。刱左边的"井"字，它在《说文解字》中的解释是：

> 八家一井。

楷书"刱"（元·赵孟頫）

这让我们想起了"井田制"，井田制是我国西周时期较为普及的土地制度。因为把土地划分为许多方块，形状像"井"字，所以称为井田制。井字形田地之中，最中间的一块是公田，四周八块为私田，分给八家，所以说"八家一井"。"刱"这个字在《说文解字》中的意思是：

> 造法刱业也。

也就是表达一种新的事业的开始。

再来看看"新"这个字。"新"字右边的"斤"，在甲骨文中这样写，如左图，表示一把斧头。而"新"字的左边，一个辛，表示声旁，下面还有个"木"表形，因此甲骨文中的"新"其实表示用斧头取柴的意思。

甲骨文中的"斤"

甲骨文中的"新" 　篆书"新"（清·邓石如）　隶书"新"（元·赵孟頫）　楷书"新"（汉·钟繇）

古时候"新"与"薪"同，后来两字分化，"新"发展为"新旧"的"新"。

"创新"二字后来引申成为我们现在所理解的意思：创造新的。这两个字的相同之处就是右侧是"刀斧"，好似在告诉我们创新是需要"大刀阔斧"的，但"动刀动斧"的同时，也可能给人带来伤害。

因此，我们需要怎样的创新、如何合理使用创新成果就显得格外重要。我们祖先是如何看待创新的呢？

《大学》中有这样的记载：

> 汤之《盘铭》曰："苟日新，日日新，又日新。"

这里的汤，指的是商朝开国的君主商汤。他在自己的洗澡用具上刻下了这样的话：如果能够做到一天新，就应保持天天新，新了还要更新。可见，商汤洗澡的时候，不仅仅要去掉身上的污垢，而且也要让自己的道德境界不断地提升，思想不断更新，让自己的国家进入一个崭新的时代。

在《诗经》中有这样的记载：

> 周虽旧邦，其命维新。

所表达的意思是，周文王秉受天命，昭示天下，周虽然是旧的邦国，但其使命在于革新。

虽然大家都在强调革新，但老子在《道德经》中的一段话发人深省：

> 我有三宝，持而保之。一曰慈，二曰俭，三曰不敢为天下先。

我有三个宝贝，要坚持并且保护。第一是仁慈地对待万物。不论对人或对物，都具有慈善恻隐之心。具有这样的慈善之心，人与人才能互相关爱，互相帮助。第二是节俭，对一切资源都要俭省。在今天，我们的生活似乎富足了许多，然而不论富足到什么程度，节俭的美德却应始终不渝地坚持。第三是不争先，这就需要我们好好体会一下了。天下对于老子来说是什么？是万事万物。不敢走在万事万物、自然规律的前面，脱离了自然而抢先是不合适的。这句话寓意极深，带着一种谦卑的态度，主张要顺其自然，不能人为地争先，这是智慧的最高表现。

奥本海默

中华民族是一个非常懂得创新的民族，我们祖先很早就有"天人合一"的思想和智慧，并将这一点贯穿在实际生活中。对自然和人伦的敬畏让我们懂得创造的成果一定是先要符合自然规律，符合伦理道德的。

违背自然与人伦的发明创造给人类带来的后果是极其可怕的。这让我们很自然地想到了核武器。当原子弹试爆成功时，原子弹之父奥本海默称"对自己所完成的工作有点惊慌失措"，在心中浮起了"我成了死神，世界的毁灭者"的感觉。

当原子弹在广岛和长崎掷下以后，奥本海默心中的罪恶感就愈发难以摆脱了，以至于在联合国大会上他对杜鲁门总统脱口而出："总统先生，我的双手沾满了鲜血。"

奥本海默坦言："无论是指责、讽刺或赞扬，都不能使物理学家摆脱本能的内疚，因为他们知道，他们的这种知识本来不应当拿出来使用。"

创新要符合自然与人伦，使用创新成果要有节制。拿电灯来说，这是非常伟大的发明，但不能没有节制地使用。

使用创新成果，除了要有节制之外，还不能为其所困。例如手机，在让生活方便快捷的同时，也使很多人沉湎于其中不能自拔。据说有的人每时每刻都要握着手机，如果哪天忘带了手机，就会陷入无尽的焦虑之中。这样就违背了发明手机的初衷了。

《三字经》中提到：

三才者，天地人。

之所以把人与天地共称为三才，是因为人在世间万物中占有很特殊的地位，有与天地沟通的灵性，有抵抗天地给人类生存带来困难的智慧。

如果我们的创新，是基于造福大众的需要，不违背自然规律，而且我们能够正确看待它的出现并能够顺乎自然地利用它，这样才算是比较圆满的吧。

描一描

背一背

汤之《盘铭》曰:"苟日新,日日新,又日新。"——《大学》

查一查

思考一下,哪些发明是弊大于利的,它们对人类造成了怎样的不良影响?

想一想

中国古人很有智慧,但为什么不拼命发展科技?

做一做

为了方便他人,为家、为学校或者为单位搞个小发明。

安静

——内与外的和

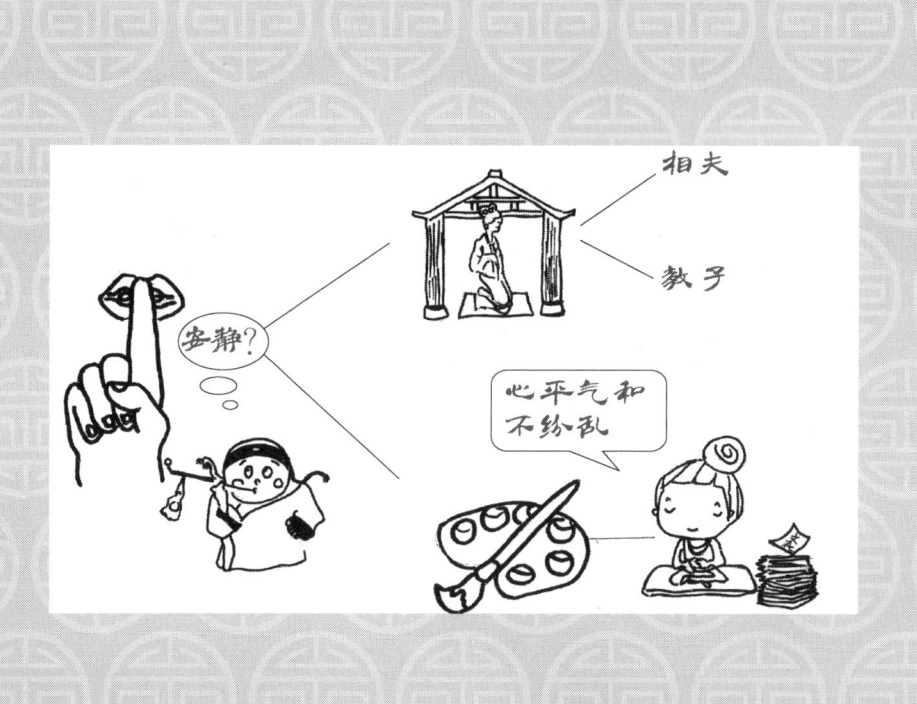

板书伴阅读

汉字里的国学 ｜ 一五六

甲骨文中的"安"

"安静"这个词，老师总是挂在嘴边，只要听到学生吵吵嚷嚷，便脱口而出"安静！"。在学校里的墙壁上，也常能看到用来提醒学子们"安静"的标语。因此对"安静"这个词语，我们的理解是"没有声音，没有吵闹和喧哗"，再引申一点说就是心里平静。那么最初这两个字是什么含义呢？

我们先来看上面左图"安"这个字的甲骨文，一个房子里，有一个女子，双手置于胸前，很安详地跪坐在那里。跪坐并不等于这个女子犯错了或者身份卑下，古人就是用这样的姿势来坐，到现在日本还保留着这个习惯，席地而跪坐。这个女子不是女仆，不是下人，而是在家庭中扮演着非常重要的角色——贤妻良母。

我们不禁要问，为什么屋子里有个女人就是"安"呢？回到远古时代，外出打猎的一定是男子。而女子则在家做一些力所能及的劳动。最关键的是女性还承担着繁衍后代的重任。随着人类社会的发展，女性在家庭中不可或缺的地位就更加显现出来了。

我们常听说"相夫教子"，就是女子要辅佐和帮助自己的丈夫有所成就，无论丈夫是为官、经商，还是务农，女子都要承担帮助丈夫的责任；更重要的还要在家教育好后代。除此之外，女性还要处理好家庭中的各种关系，如婆媳关系，妯娌之间的关系等，难怪印光法师曾经说：

治国平天下之权，女人家操得一大半。

印光法师

我们就先来说一说相夫吧。这个"相"字，当"辅佐、帮助"讲。如果男人娶了一位能帮助自己的好妻子，事业必蒸蒸日上。

我们来看几个例子。

长孙皇后是唐太宗李世民的妻子。长孙家族作为皇族宗室，从北魏至隋能人辈出，可谓"门传钟鼎，家誓山河"。长孙皇后的父亲长孙晟很了不起，在军事外交上颇有建树。长孙晟长期处理隋与突厥的关系，曾使计分化突厥，对分裂突厥有极大贡献。突厥人对长孙晟非常敬畏，听闻他的弓声，认为是霹雳，见到他骑马，认为是闪电。因此，长孙晟家得到"霹雳堂"的称呼。长孙皇后就是一位出身贵族世家的名将之女。

作为皇后，她很会"相夫"。有一次，魏征在上朝的时候，跟唐太宗争得面红耳赤。唐太宗实在听不下去，想要发作，又怕在大臣面前丢了自己善于纳谏的好名声，只好勉强忍住。退朝以后，他憋了一肚子气回到内宫，见了他的妻子长孙皇后，气冲冲地说："总有一天，我要杀死这个乡巴佬！"

长孙皇后很少见太宗发那么大的火，问他："不知道陛下想杀哪一个？"唐太宗说："还不是那个魏征！他总是当着大家的面侮辱我，我实在忍受不了！"长孙皇后听了，一声不吭，回到自己的内室，换了一套朝见的礼服，向太宗下拜。

唐太宗惊奇地问道："你这是干什么？"

长孙皇后说："我听说英明的天子才有正直的大臣，现在魏征这样正直，正说明陛下的英明，我怎么能不向陛下祝贺呢！"

这一番话就像一盆清凉的水，把太宗满腔怒火浇灭了。

如果，长孙皇后不是一位有智慧的女子，而是顺着唐太宗的话说"是，这人真是该死",那国家就危险了。你看,一位女子,就能起到这个作用。

再举个比较平凡的例子吧。王弗,苏轼的结发妻子,16岁嫁给苏轼,王弗性格"敏而静",作为进士之女的她,一开始并没有向苏轼夸耀自己通晓诗书。苏轼读书的时候,她在旁边终日不去。后来苏轼对书中内容有遗忘的地方,她反倒给予提醒。苏轼问她别的书里的问题,她也都能答上来,这让苏轼又惊又喜,对她刮目相看。在苏轼与访客交谈的时候,王弗经常立在屏风后面倾听谈话,事后告诉苏轼她对某人性情为人的看法,结果无不言中,可谓苏轼绝佳的贤内助。

当好贤妻不易,能成为良母更是了不起。中华民族几千年来,优秀的人才辈出,其中很重要的原因就是许多圣人君子的母亲对他们的基础教育做到了位,孩子从小在母亲的精心培养下成为人才。教子有方最著名的母亲要数孟母了。《三字经》里的话是:

> 昔孟母,择邻处,子不学,断机杼。

孟家一开始居住的地方靠近一片坟地,由于经常看到出殡送葬的人群从附近经过,因此,孟轲与其他孩子就模仿送葬的人群,兴致勃勃地玩抬棺材、掩埋死人的游戏。孟母认为这样的环境会影响孩子读书,妨碍孩子正常思想的形成,于是决定搬家,带着孟轲迁居到远离墓地的庙户营村。庙户营村位于现在的邹城西北部,当时,这里是一处繁华的集镇。孟轲置身于这人来人往的闹市之中,逐渐又同集镇上的孩子一起玩起做生意的游戏,与同伴们模仿商贩叫卖吆喝,讨价还价,还学邻居屠夫杀猪宰羊。孟母觉得这里仍然不是培养孩子的理想场所,这样下去,孩子很容易受影响而不认真读书。在这个集镇上刚刚居住了半年的孟母,毅然决定再一次搬迁。这次他们搬到了一所学宫的旁边。这所学宫是孔子之孙子思设宫讲学的地方,后人称它为"子思书院"。孟母想,孩子在学宫的附近居住,必然会受到学宫气氛的影响,长大以后读书也方便。母子搬到这里后,天资聪颖的孟轲果然被书院里的琅琅读书声所吸引,常到书院里跟着学习诗书,

孟子
战国时期伟大的思想家、教育家、政治家,儒家学派的代表人物。

演习礼仪。孟母很高兴自己终于找到了培养孩子的理想场所,从此就在这里定居下来了。

孟子虽然天性聪颖,但是学习了一段时间后,开始逃学。孟母知道后把他叫到跟前,把织了一半的布全部割断。孟子问为什么要这样,孟母回答说:

◀ **子之废学,若吾断斯织也!** ▶

子思
孔子的嫡孙,春秋时期著名的思想家。

孟母教育孟轲,学习就像织布,靠一丝一线长期的积累,不可半途而废。只有持之以恒,坚持不懈,才能获得渊博的知识,才能成才。逃学就如同断机,线断了,布就织不成了,常常逃学,必然学无所成。孟轲幡然醒悟,从此勤学苦读,没有辜负母亲的期望,终于成了一位伟大的思想家和教育家。

为儿子倾尽毕生心血的孟母过世归葬途中,许多官员和民众争相在路旁祭奠,表达对这位伟大母亲的尊敬和哀思。在山东邹城市北20里的马鞍山麓,古柏森森的孟母林静穆庄严,吸引着一代代景仰这位伟大母亲的人。

这样的例子数不胜数。再来说一说苏轼的母亲程氏。她出身名门,知书达理,学养深厚。对儿子的教育也非常严

孟母林

格和智慧。

在苏轼10岁时,母亲在家亲自教他。程氏很重视教苏轼读历史,她认为历史既教人知识,更教人明是非,塑造人的品德操行。程氏专门挑一些历史人物事业成败的故事与儿子交流。《后汉书·范滂传》记载,范滂学识渊博,志存高远,当官办事铁面无私,正气凛然,有"澄清天下之志",使贪官污吏"望风解印而逃"。朝中奸邪之臣诬陷范滂结党,皇帝下令诛杀党人,范滂也在被逮捕之列。临行前他与母亲诀别:"存亡各得其所,望母亲不必悲伤。"他的母亲对儿子说:"我儿今天能够与时贤齐名,死亦何憾!"

汉字里的国学 | 一六〇

苏轼读到此处深受感动，便问母亲："儿若要作范滂，您允许吗？"此时程氏凛然回答："你若能作范滂，难道我就不能作范母吗？"简简单单的一句回答，让少年苏轼内心涌起一阵热浪。母亲在对他的教育中，把培养儿子对美德的热爱、对正义的向往，看得比什么都重要。苏轼、苏辙后来能够伸张正义，为民请命，与程夫人的教育是分不开的。

范滂

中国古代还有很多母亲，没有机会接受教育，但从长辈那里得来很多智慧，在为人处世上也能做到通情达理，教育出很多有为的孩子。

现在我们来想一想，男子回到家，看到家中妻子孝敬、贤淑、顾家、爱子，自己的孩子健康成长，婆媳关系融洽，家里井井有条，怎能不心安呢？这种状态是平静，没有争端的平静。有这样的女子在家，怎会不安？因此"安"传递的是一种状态，平和的、不波动的、稳定的感受。所以《说文解字》中，安的解释就是：

静也。

现在我们来看看"安"的字形演变过程：

篆书"安"（汉·袁安碑）　　隶书"安"（汉·曹全碑）　　楷书"安"（汉·柳公权）

让我们再来看一看"静"这个字。

篆书"静"（周·毛公鼎） 　　　篆书"静"（清·邓石如）

隶书"静"（汉·石门颂） 　　　楷书"静"（唐·欧阳询）

这个字本身就会让我们产生疑问，为何是一个"青"加一个"争"呢？这是个形声字，"青"代表形旁，而"争"是声旁：

"青"字大篆及小篆写法分别如下：

大篆"青"（周·墙盘） 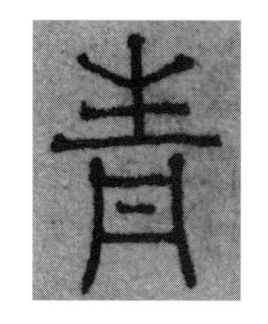　　　小篆"青"（元·赵孟頫）

这个字上面是生产的"生"，代表草木，下面那部分不是月亮的"月"，而是"丹"。丹，代表红色的石头，这种红色的矿石是从地下挖掘出来的，代表矿井。

这个字包含了"青"和"丹"两种颜色，那这个字的本义跟颜色有什么关系吗？

《说文解字》给出"静"的定义是：

> 审也。

为《说文解字》做注的段玉裁给出了详细解释。归纳起来有三种。

第一，"采色详审得其宜谓之静"。

选取色彩很周详，审慎搭配很适宜，就是静。

第二，"分布五色，疏密有章，则虽绚烂之极，而无涊淰（tiǎn niǎn）不鲜，是曰静"。

五种颜色分布适均，疏密有章法，虽然看上去绚烂，但不流于俗套，这就是静。这让我们想起了很多画作，呈现的内容不一样，但颜色选取和搭配都让人感到舒服，这种状态就是静。

第三，"人心审度得宜，一言一事必求理义之必然，则虽繁劳之极而无纷乱，亦曰静"。

在认真审视和估量人心之后，说的话做的事必然求得道理，虽然很繁杂很辛苦，但不纷乱，这种状态叫静。这种状态结合现在的生活来体会，我们的感触会更深一些。当今是个讲求效率的时代，人人每天都在为各种事情而奔忙。当一大堆事情摆在面前的时候，不免手忙脚乱，这个状态很显然就不是"静"了。真正做到"静"是你审时度势，面对很多纷乱的事务时心里很定，不乱。所有事情都能在你的合理调配中有条不紊地完成。

现在我们再来想一想"安静"的概念，其实是指你的身体首先要定下来，然后开始调整内心状态，想明白现在要干什么，不要再东想西想，心不在焉，让自己的心定下来，更加专注。这综合在一起，叫安静。安静不是做给人家看的，而是自己的事情。

一安一静，道出了从内到外的平和及稳定。它传递的是一种稳定专注的状态。如果每次做事的时候，我们总能保持真正的"安静"，那效率一定会更高吧。

描一描

想一想

在这个浮躁的社会里,我们到底怎么做才能真正让自己的心安静下来?

做一做

运动是一种锻炼方式,但静坐也非常有益于人的身心健康。每天静坐半个小时,这也是一种养生方式哦。

箸

——餐具里的文明

板书陪伴阅读

天（阳）

箸

讨口彩

用"箸"

地（阴）

祝福

知行合一

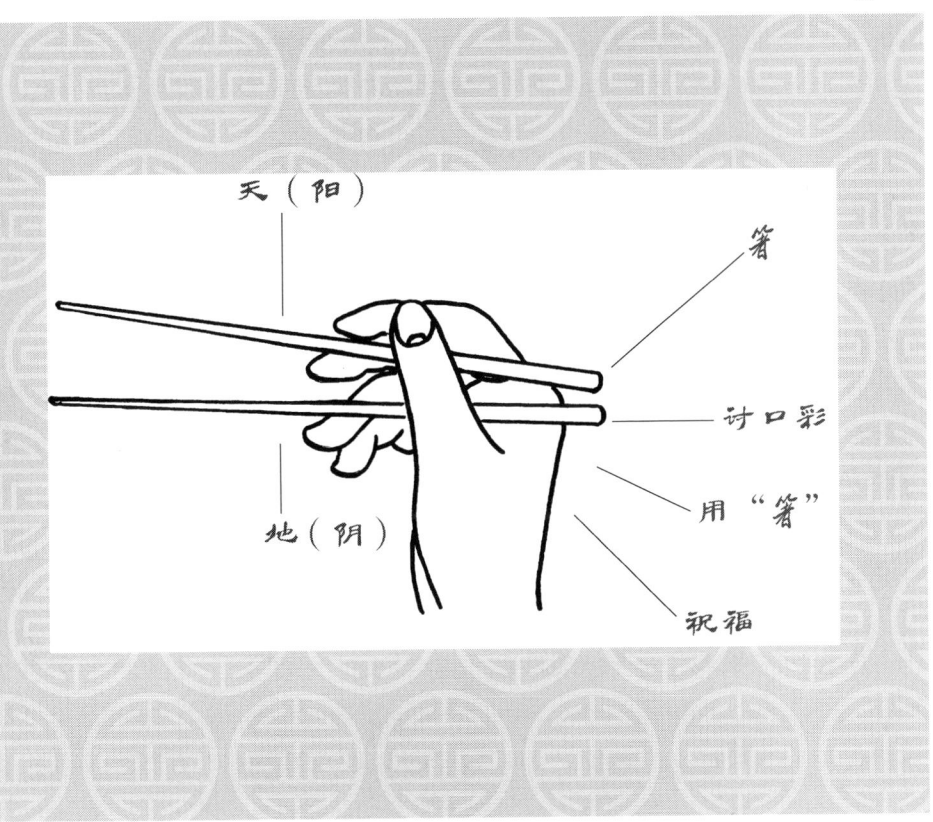

篆书"箸"（清·赵之谦）

民以食为天，中国人吃饭讲究，吃饭所用的餐具也讲究，要说最有文化的就数"箸"了，也就是我们现在熟悉的筷子。《韩非子》中记载：

> 昔者纣为象箸，而箕子怖。

纣王为商代末期的君主，他荒淫无度，曾割下大象的牙齿做成筷子，这令纣王的叔叔箕子感到害怕。因为如果君王用象牙做的筷子，必定要用名贵的器具来配它，而名贵的器具里面放的必定是山珍海味，以此类推，生活必定会走向奢侈糜烂。这的确发人深省，其中也传递出关于"箸"的历史信息。

中国人在使用筷子之前，同样经历了一个用手抓饭吃的过程。但热粥汤羹又如何抓取得了呢？于是不得不随地折取一些草茎木棍来辅助吃饭。

筷子一开始叫"箸"，现在我们来看看它的字形演变。

篆书"箸"（秦·李斯）　　篆书"箸"（清·赵之谦）　　隶书"箸"

  从字形上看，有人说，竹字头下是煮熟的食物，古人在宰牲或祭祀的日子，将筷子插在煮熟的猪头或其他兽头上，以示敬请祖先和神灵享用他们虔诚的供奉。也有人说"者"在这里只表声旁。不管怎么说，"箸"最开始是用竹子做的，之后才有了金属的、象牙的、木质的等。

  可为什么"箸"后来改名字叫"筷"了呢？这要从一个典故说起。我们中国人对于日常生活中离不开的东西，往往要赋予一些精神内涵。比如，结婚的时候要送给新郎新娘枣呀、栗子呀，意思就是早立子，希望他们能早生贵子。这在民间叫"讨口彩"，从箸发展到筷也受到"讨口彩"的影响。

  明代有一部书里说，吴中也就是现在的江浙一带的土著，管箸不叫箸，叫筷子。原因是江浙一带的人撑船的多，船户人家撑船有很多讲究，有很多忌讳，"箸"跟停住的"住"同音，撑船的人总想着一帆风顺，停住不走，这不就挺麻烦的吗？就把这个"箸"改成"筷"，寓意快快地走，那么发音变了，字也变了。所以，我们现在的筷子的"筷"其实就是一个方言字。

  使用筷子好处多多。科学研究表明，用筷子夹食物，牵涉肩部、胳膊、手掌、手指等 30 多个大小关节和 50 多条肌肉的运动。科学家研究证实，人的大脑皮质和手指相关联的神经所占面积最广泛，大拇指运动区的神经数量相当于大腿运动区的 10 倍，可见手和大脑有千丝万缕的联系。手指活动能刺激大脑皮质运动区，促使某些特殊、积极而富于创造性的区域更加活跃，进一步增强大脑的思维能力，手脑并用的结果，必然使人心灵手巧。

  "筷"因为跟"快"同音，所以被人们赋予了很多有意思的含义，筷子也成为我们馈赠友人的佳品。比如筷子需要两根小细棒通力合作才可以夹到食物。一根筷子的力量小，很容易折断，但是如果许多筷子聚在一起，会变得非常坚实。这从侧面体现出一个人的力量非常有限，必须互相配合，才能完成任务，所以不少人会选择馈赠筷子给生意场上的合作伙伴。送老人一双长筷子，祝"长命百岁"；面对一对新结婚的年轻夫妇，赠与筷子代表"新婚快乐""快得贵子""成双成对"等，让人听了心中升起欢喜心。

还有人问："为什么筷子的标准长度是七寸六分？"其实，这代表人有七情六欲，以示与动物有本质的不同。

在饭桌上使用筷子，还是很讲究的，如果不懂使用筷子的规矩，会被人看作缺少教养。比如有人用大拇指和中指、无名指、小指捏住筷子，而食指伸出，这在北京人眼里叫"骂大街"。因为在吃饭时食指伸出，总在不停地指别人，而一般伸出食指去指对方时，大都带有指责的意思。用餐时用筷子敲击盘碗也很不合适。因为过去只有要饭的才用筷子击打要饭盆，其发出的声响配上嘴里的哀告，使行人注意并给予施舍。

正确握筷子姿势

- 只动上侧
- 筷子是用拇指，食指和中指3根手指轻轻拿住
- 拇指要放在食指的指甲旁边
- 筷子尖要对齐
- 无名指的指甲垫在下边
- 拇指和食指的中间夹住固定
- 后面留1厘米长的距离

一双筷子看文明，华夏作为筷子的发源地，更应懂得这两根筷子里的学问。

描一描

馨

想一想

如果今天是爷爷的生日,你要送上一双筷子,你会写下什么样的祝福话语呢?

做一做

碗里放十几个豆子或者花生,看你能用多长时间用筷子把它们给夹出来。

教育

——从蒙昧走向文明

板书伴阅读

囯君民
教育为先

- 一国之君
- 父母师长　　上行
- 媒体

- 臣子百姓
- 子女学生　　下效
- 受众

甲骨文中的"教"

我们先来看看"教"这个字的甲骨文写法（见上图）。

它分两个部分，左边是"爻"和"子"，"爻"是小棍放在一起交错的样子，它指的是古时候人们用的算筹，代表学习，指落实在生活中的各种实践活动。下面的"子"就是小孩子的意思，右边是一只手拿着一根棍，这个字是"攴"，音同"扑"，后来就写成了我们现在都知道的"攵"这个部首。那根小棍就是"戒尺"。一只手拿着戒尺代表"轻轻击打"，意思就是提醒、警戒。戒尺这个名字起得好："戒"，警戒，惩戒；"尺"，尺度，标尺，标准。这些正是人在成长过程中所必需的，没有规矩，难成方圆。

《尚书》中就有这样的记录：

> 扑作教刑。

这里的"扑"就是"攴"这个字，就是用戒尺当作教育子女和学生的手段。

下页左上角这幅图就是清代的"戒尺"，上面有四个大字"扑作教刑"。

在下页敦煌壁画中，我们也能发现古人教育学生时的画面。用戒尺其实不是为了重重责打孩子，而是在孩子不能自律或犯了某个错误屡教不改的时候，长辈惩戒他的一个措施，只是起到有效提醒的作用。

敦煌壁画

篆书"教"（清·赵之谦） 　　隶书"教"（汉·西狭颂） 　　楷书"教"（晋·王羲之）

　　一个"教"字能让我们看清楚古人重视教育的程度。从古至今，长辈都希望下一代能够成为品行端正、有所作为的人。要想让孩子做到，大人首先要做到。《说文解字》当中非常精炼地表达出了"教"的这个意思：

> 上所施下所效也。

　　上面怎么行动，下面就跟着效仿。这里的"上"如果指的是家长，那么"下"就指小孩子。一个家庭之中，长辈怎么做，小孩子就会模仿大人怎么做。孩子成长得健康，是大人教的。孩子成长得不好，其实也是大人教的。无论是

汉字里的国学 ｜ 一七二

好是坏，都是一个"教"字在起作用。比如，若父母懂得如何孝敬老人，那么孩子也会耳濡目染学会孝敬老人。反之亦然。

我们再把范围扩大，针对国家来说一说。从国家角度来看，"上"指的是一国之君，指的是国家最高统治阶层。那么"下"指的就是臣民百姓了。最高领导阶层的人的行为喜好，直接影响臣民的行为喜好。比如在《墨子》①中有个小故事叫《楚王好细腰》。

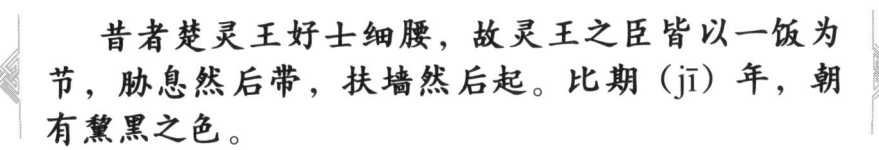

> 昔者楚灵王好士细腰，故灵王之臣皆以一饭为节，胁息然后带，扶墙然后起。比期（jī）年，朝有黧黑之色。

这个故事讲的就是：楚灵王喜欢士人腰肢纤细。于是一班大臣唯恐自己腰粗体胖，失去宠信，因而不敢多吃，每天都只吃一顿饭来控制自己的腰身。每天整装时先屏住呼吸，然后把腰带束紧，扶着墙壁站起来。等到第二年，满朝文武官员脸色都是黑黄黑黄的了。

可见对于位高权重的人物来说，提倡什么，反对什么，必须谨慎，否则就会带来严重后果。

相反，同样在《墨子》里也记录了晋文公好苴服的故事。苴服，就是粗布的衣服。晋文公谦而好学，贤而下士。后来受迫害离开晋国，游历诸国。漂泊十九年后终回国即位。任贤举能，励精图治。晋文公提倡节俭，在位时不穿重裘，而喜穿粗布衣服，于是晋国的士人便纷纷穿着粗布衣和羊皮裘，戴着绢帛帽，蹬着麻布鞋，入宫觐见晋文公，出来在朝堂上行走。虽说粗布衣形制简陋，但因为晋文公喜欢，便很快在晋国的士人间流行开来。短短一段时间，就改变了以前的奢靡之风。正所谓上有所好，下必甚焉。

晋文公

---

① 墨子，名翟（dí），春秋末期战国初期宋国人。墨家学派的创始人，也是战国时期著名的思想家、教育家、科学家、军事家。

我们再来看一看"育"这个字。

这个字甲骨文的写法如右图。

甲骨文中，我们可以看到这个字分上下两部分，上面是一位母亲，下边是一个倒着的孩子。这个倒着的孩子，就是"𠫓"这个字，读音同"突"。

很显然这是母亲生孩子的样子，下面的孩子头部冲下。徐锴在《说文解字系传》当中这样解释"育"：

甲骨文中的"育"

◀ 不顺子也。▶

说明这个孩子是个逆子，不肖之子。更要好好地教育了。后来，育这个字把倒着的子放在了上边，下边用"肉"来代表它的声旁。

《说文解字》中，"育"的意思是：

◀ 养子使作善也。▶

"教育"二字承载的内涵现在我们搞清楚了，就是上行下效，使下一代成为有道德的人。

篆书"育"（元·赵孟頫） 　　隶书"育"（汉·曹全碑） 　　楷书"育"（唐·颜真卿）

《礼记》中这样说：

◀ 建国君民，教学为先。▶

这句话的意思就是治国安民，第一要务就是推行道德教化。教育的重要性不言而喻。

古时候的民间教育机构比现在少，但渗透着道德教化的硬件设施却扎根在百姓的生活中。第一个就是祠堂。它是祭祀祖先或先贤的场所，祭拜的含义是崇敬和缅怀先人，感悟宽厚与仁爱。敬祖是活着的人对逝去的人的追念，是人类特有的精神依托与精神安慰的传承。祠堂的意义是十分重要的。

第二个硬件设施就是孔庙。在中国两千多年的文化发展中，孔庙的功能已经远远超出了纪念性建筑本身的含义，成为中华多民族文化的象征。孔庙的存在，体现了儒学在中国传统文化中的重要地位。它承担着文化传承与教化、促进中华民族融合与统一的双重功能。

第三个就是城隍庙，这也是最贴近普通百姓的场所。城隍又称城隍爷，是古代中国宗教文化中普遍崇祀的重要神祇之一，大多由有功于地方民众的名臣英雄充当，是中国民间神仙信仰守护城池之神。城隍庙起到了很好的教化向善作用。

以上就是古代中国对百姓教化所采取的三种手段。除此之外，我们懂得寓教于乐。比如民间的戏台，唱上一出《铡美案》，告诉你忘恩负义抛弃妻子的人是没有好下场的。再比如各种曲艺节目，所传达的内容，大都是教人去恶扬善的故事，就算没有去过学校学习的人，也能从这些地方获取为人处世的道理。

一个国家想要繁荣昌盛,最根本的就是教育,就是对百姓的道德教化。一个蒙昧的民族如何走向文明,答案同样还是"教育"。所以抓"教育"要抓在根本上,每一个人都能够成为道德品行端正的人,这样上行下效,文明的传承才会绵绵久远,国家才能繁荣昌盛。

描一描

背一背

建国君民,教学为先。——《礼记》
蒙以养正,圣功也。——《周易》

想一想

古代讲究"寓教于乐",是什么意思?你能再举出几个实例来吗?

议一议

有人说用"戒尺"惩罚孩子,就是虐待儿童,就是体罚,你怎么看?

做一做

如果发现爸爸妈妈哪些言行不太合适,要柔和地、充满恭敬心地提出来,帮助他们改正。家中如果有弟弟妹妹,希望你能在各方面给他们做个好榜样。

福祸

——永远与你随行的『果』

板书陪伴阅读

趋吉避凶
相互转换
互相倚伏

作恶多端
恶贯满盈
品行不端

善良　乐善好施
贤德　淳厚

甲骨文中的"示"

"福"是我们所向往的,"祸"是我们想竭力避免的。古人如何理解福与祸呢?

"福"与"祸"最关键的就是左侧的"示"字。上图甲骨文中,"示"这个字,下面一竖,从天而降,上面两横,是"上"字,代表了上天垂象。后来,示底下变成了三道,许慎认为,这代表日月星。古时候的人喜欢仰观天象,从天那里得到启示以指导自己的行为。

篆书"示"(清·邓石如)

福这个字的甲骨文如下图所示。

"福"字右侧这个字是"畐",这是古代的一种容器。底下有两只手捧着,表示恭敬地祭祀。

甲骨文中的"福"　　　　　篆书"福"（清·邓石如）

隶书"福"（汉·华山庙碑）　　楷书"福"（唐·柳公权）

"福"在《说文解字》中的含义意味深长：

> 福，祐也。

就是得到上天的护祐。段玉裁在《说文解字注》中所写的更发人深省：

> 备也。祭统曰："贤者之祭也，必受其福。"非世所谓福也。备者百顺之名也。无所不顺者之谓备。

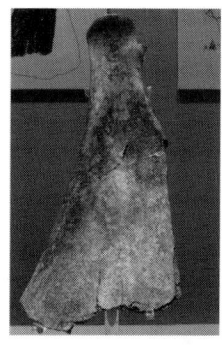

占卜用的牛肩胛骨

在祭祀的过程中，祭祀的人很重要。如果那是个贤德的人，他的祭祀就会与上天形成感召，福自会降临。反之，如果祭祀的这个人，是个无恶不作的人，上天也就不会眷顾于他。在这个解释中我们深深了解到，一个人如果经常作恶多端，品行不端，是不会有什么好结果的，就算拿着丰厚的礼品来祭祀也是枉然。

我们再来看看"祸"的写法。

右边这个甲骨文代表的是一个牛肩胛骨，肩胛骨扁而且宽，根据上面特定的形状的裂纹表示占卜的结果。"冎"指的就是祸，准确地说，"冎"本是显示不祥占卜结果的牛肩胛骨的象形。

甲骨文中的"祸"

篆书"祸"（元·赵孟頫） 隶书"祸"（元·赵孟頫） 楷书"祸"（唐·欧阳询）

"祸"在《说文解字》中的解释为：

> 害也，神不福也。

灾害，神灵是不予保佑的。
古时候的人很惜福，俗语有云：

> 井涸而后知水之可贵，病而后知健康之可贵，兵燹而后知清平之可贵，失业而后知行业之可贵。凡一切幸福之事，均过去方知。

所以老人总是教导年轻人要懂得珍惜，主要就是珍惜"福"。

人生世间，没有灾殃祸患就是福，无奈人在福中不知福，并不以为没有灾殃祸患的平安日子就是福，而是不知满知，要追求更多的福——追名求利、求官求势，永无止境地追求。古人说：

> 人心苦不足，既得陇，复望蜀。

在追求的过程中，未得到的希望得到，已得到的又恐怕失去，患得患失，反而陷精神于惶惶不安中。

当然，老子《道德经》上讲：

祸兮福之所倚；福兮祸之所伏。

福与祸相互依存，互相转化。再善良的人一生也不可能总是福气满满事事顺利，多多少少会碰到一些困难、坎坷。一件事情对你造成了影响，乍一看，似乎是你的一个损失，仔细一分析，或从另一个角度去看它，却正好弥补了你在该方面的空白，使你下一次不会再犯同样的错误。

中国古代有一个故事很有深意，这就是大家都非常熟悉的：

塞翁失马，焉知非福。

战国时期有一位老人，名叫塞翁。他养了许多马，一天马群中忽然有一匹走失了。邻居们听到这事，都来安慰他不必太着急，年龄大了，多注意身体。塞翁见有人劝慰，笑笑说："丢了一匹马损失不大，没准还会带来福气。"邻居听了塞翁的话，心里觉得好笑。马丢了，明明是件坏事，他却认为也许是好事，显然是自我安慰而已。但是过了没几天，丢了的马不仅自己回家了，还带回一匹骏马。

邻居们听说了，十分佩服塞翁的远见，向塞翁道贺说："还是您老有远见，马不仅没有丢，还带回一匹好马，真是福气呀。"

塞翁听了邻人的祝贺，反倒一点高兴的样貌都没有，忧虑地说："白白得了一匹好马，不一定是什么福气，也许会惹出什么麻烦来。"

邻居们以为他故作姿态纯属老年人的狡猾。心里明明高兴，有意不说出来。塞翁有个独生子，十分喜爱骑马。他发现带回来的那匹马身长蹄大，嘶鸣嘹亮，骠勇神骏，一看就知道是匹好马。他每一天都骑马出游，心中扬扬得意。

一天，他打马飞奔，一个趔趄，从马背上跌下来，摔断了腿。邻居听说，纷纷来慰问。

塞翁说："没什么，腿摔断了却保住性命，或许是福气呢。"邻居们觉得他又在胡言乱语。他们想不出，摔断腿会带来什么福气。

不久，匈奴兵大举入侵，青年人被召入伍，塞翁的儿子因为摔断了腿，不能去当兵。入伍的青年都战死了，唯有塞翁的儿子保全了性命。

我们必须正确看待得与失，把握好得与失的平衡。不要因为"得"而沾沾自喜，乐不可支；也不该因"失"而怨天尤人，痛不欲生。

所以，正如《大学》里所说：

> 欲修其身者，先正其心。欲正其心者，先诚其意。

一颗心，端正在天地之间，彰显着人的美好品德，这样的人怎么会没有福气呢？又怎么会总面临祸患呢？因此想要让自己福气满门，就要好好反省自己的言行，改过自新，克制没完没了的各种欲望，到时候，福来了都挡不住。

描一描

背一背

福祸无门，惟人自召。——《左传》

想一想

古人云：塞翁失马焉知非福。你从这个故事中得到了怎样的启示？你有没有碰到过类似的事情呢？

做一做

从今天开始，无论大小，每天做一件好事。

廉腐

——一样的外表，不一样的内心

板书伴阅读

一样的外表不一样的心

廉（自律清心） 腐（贪欲炽）

永垂青史　　遗臭万年

知行合一

房屋的"廉"　　　　　　　　　篆书"廉"（汉·袁安碑）

仔细看看"廉"和"腐"两个字，一样的外表，却拥有不一样的内心。

"廉"与"腐"，同属于"形声字"。

"廉"字里面藏着怎样的智慧呢？《说文解字》中是这样写的：

> 廉，仄也。从广，兼声。

从"广"，就是与房屋有关系。在《说文解字注》中，段玉裁这样说：

> 堂之边曰廉。

我们这才知道，"廉"这个字一开始是跟房屋的结构有关系的。

古时候房屋的建筑格局通常是堂室结构，就是我们经常说的"前堂后室"。堂与殿基本同义，都是房子台基，天子的台基九尺高，诸侯七尺高，大夫五尺高，士三尺高，

篆书"廉"（汉·袁安碑） 　　隶书"廉"（汉·乙瑛碑） 　　楷书"廉"（汉·钟繇）

台基之上建房，墙角与台基的外缘之间窄窄的一溜地方叫廉。《说文解字注》中段玉裁又说：

> 堂边有隅有棱，故曰廉。

既然"廉"是堂之侧边也，侧边与侧边中间是有夹角的，这个夹角叫作隅，四个夹角为四隅之地。有边有角，会让我们想起一个词"有棱有角"。正直有原则的人就是这样。所以廉必须得直，它必须得正。廉还有两个引申方向。一个是窄、细。就是《说文解字》中说的"仄"，引申为清廉，又引申为价格低。第二个就是直。

屈原在《楚辞》中说：

屈原
战国时期楚国爱国诗人，政治家。

> 宁廉洁正直以自清乎？……谁知吾之廉贞？

司马迁在《史记》中说屈原：

> 其文约，其辞微，其志洁，其行廉。

他的文章精约，语言含蓄，志趣高洁，行为清廉。屈原虽在浊世出仕，却"出淤泥而不染"，志向高洁、行为清正，这种意志可与日月争辉。

另外，廉又有不苟取之意，《楚辞》中说：

◀ 朕幼清以廉洁兮。▶

这就是清正廉洁、不随意索取的意思。《孟子》说:

◀ 可以取,可以无取,取伤廉。▶

范晔[①]的《后汉书》[②]记载的杨震暮夜却金的故事想必大家知道。

> (杨震)四迁荆州刺史、东莱太守。当之郡,道经昌邑,故所举荆州茂才王密为昌邑令,谒见,至夜怀金十斤以遗震。震曰:"故人知君,君不知故人,何也?"密曰:"暮夜无知者。"震曰:"天知,神知,我知,子知。何谓无知!"密愧而出。

杨震
东汉人,汉昭帝时为丞相。

大致意思就是杨震调任东莱太守,途经王密任县令的昌邑(今山东金乡县境)时,他曾举荐的王密亲赴郊外迎接恩公。王密拜会杨震,不知不觉已是深夜。王密起身告辞时,突然从怀中捧出黄金,放在桌上,杨震说:"以前正因为我了解你的真才实学,所以才举你为孝廉,希望你做一个廉洁奉公的好官。可你这样做,岂不是违背我的初衷和对你的厚望。"可是王密还坚持说:"三更半夜,不会有人知道的,请收下吧!"杨震立刻变得非常严肃,说:"你这是什么话,天知,地知,我知,你知,你怎么可以说,没有人知道呢?"王密顿时满脸羞愧地走了,消失在沉沉的夜幕中。

杨震不接受王密献上的金子,正是"无取",也正是廉。

大约在西周到春秋时期,"廉"字的含义被引申到政治领域,表示清白、公

---

① 范晔,字蔚宗,顺阳(今河南南阳淅川)人,南朝宋史学家、文学家。
② 《后汉书》是一部由我国南朝宋时期的历史学家范晔编撰的记载东汉历史的纪传体史书。与《史记》《汉书》《三国志》合称"前四史"。

汉字里的国学 | 一八八

平、简约、方正、高洁、明察。春秋时期齐国的政治家管仲①说过一句话：

> 礼义廉耻，国之四维，四维不张，国乃灭亡。

管仲

把廉与礼、义和耻并列，作为国家的四大支柱之一。同样是齐国的政治家晏婴也说过一句话：

> 廉者，政之本也。

为政的根本就是廉。这和"廉"在今天的含义是一样的。廉政一说出现在我国的春秋时期。有一天齐景公问晏子②："廉政而长久，其行何也？"政，通"正"。廉洁正直，能长久保有国家的君主，他的品行应该是怎样的？晏子回答：

晏婴

> 其行水也。美哉水乎清清！其浊无不雩途，其清无不洒除，是以长久也。

意思就是，他的品行要像流水一样。美啊，清澈的水！如果它浑浊了，流经之处没有什么事物不被它污染；如果它是清澈的，那么它会把所经过的地方的污浊都清除了。这是我国历史上对"廉政"一词的最早的理解。

《周礼》中提出了"六廉"的概念，就是"廉善、廉能、廉敬、廉正、廉法、廉辨"。廉善指善于行事，廉能指能行政令，廉敬指忠于职守，廉正指品行方正，廉法指忠诚于法令，廉辨指临事分明。"六廉"观是我国历史上廉政思想一个非常重要的概念，它表明我国历史上对官吏的要求是多方面的。因此，廉

---

① 管仲，姬姓，管氏，名夷吾，字仲，谥敬，春秋时期法家代表人物，周穆王的后代。是中国古代著名的哲学家、政治家、军事家。
② 晏子，名婴，字仲，谥平，人们习惯上多称之为平仲。他是春秋时期著名政治家、思想家、外交家。

也成为古代选官任人的标准之一。比如《大戴礼记》中说：

> 其壮，观其洁廉务行而胜其私也。

就是说对正值壮年之人要观察他是否克服私欲廉洁办事。"省其交友，观其任廉"，即通过观察交往的朋友来看一个人是否清正廉洁。

由此看来，我们现在说"廉"，事实上包含着两层意思：一是为人的正直端方，二是为官的清廉不取。从建筑到人这样的引申变化，其实正暗含着古人对廉的最初也最直观的看法。与"廉"组合的词，也大多带着这个意思。"廉士"指有操守、不苟求之士；"廉隅"指有节操、端正的品行。这是在说做人。"廉吏"指清廉守正的官吏；"廉白"指廉正清白、不贪赃枉法。这是在说为官。有一个成语叫"俭以养廉"，指节俭可以培养廉洁的作风。

诸葛亮[①]在《诫子书》中写道：

> 夫君子之行，静以养身，俭以养德。非淡泊无以明志，非宁静无以致远。

在这里强调用节俭来培养好的德行。古人云：

> 勤能补拙，俭以养廉。

这里强调勤俭的重要性。廉既然是不苟取，自然与俭有关。俭以养廉，养的也是名为清正自持的德。还有一个成语，叫"廉顽立懦"，这句话出自《孟子》：

> 故闻伯夷之风者，顽夫廉，懦夫有立志。

---

① 诸葛亮，字孔明，号卧龙（也作伏龙），三国时期蜀汉丞相，杰出的政治家、军事家、散文家、书法家、发明家。

伯夷①是古代有名的节义之士，听说了伯夷的风范，贪婪的人能廉洁起来，懦弱者能有自立的志向。因此"廉顽立懦"形容高尚之人可以使人奋发向上，对社会有很大的感化力量。

那么有人说，我不为官，"廉"对于我来说又有什么现实意义呢？廉其实就是我们古人常说的"慎独"，指人们在独自活动无人监督的情况下，凭着高度自觉，按照一定的道德规范行动，而不做任何有违道德信念、做人原则之事。如果说得再明白些，就是自律。什么是自律？自律就是对自我的控制。我们可以去看看那些成功人士，都具有很强的自律精神。我们可以这样说，自律是成功的根本因素。

曾经有记者问科比："你为什么能如此成功呢？"科比反问道："你知道洛杉矶凌晨四点钟是什么样子吗？"记者摇摇头："不知道，那你说说洛杉矶每天早上四点钟究竟什么样？"科比挠挠头，说："洛杉矶早上四点时满天星星，寥落的灯光，行人很少。而我已经起床行走在黑暗的洛杉矶街道上。一天过去了，两天过去了，十多年过去了，洛杉矶黑暗没有丝毫改变；但我却已变成了肌肉强健，有体能、有力量，有着很高投篮命中率的运动员。"我们可以想一想，一天四点起来行，两天行，十几年如一日都这样，行不行？这种锲而不舍的精神，就来自对自己的控制。我们很容易放纵自己，而真正有潜质的人，会在想懈怠时，克服自己的惰性，控制所有放纵的念头。

我们再来看看外表跟"廉"一样，"内心"却与之相悖的另外一个字——腐。

篆书"腐" 　　　隶书"腐" 　　　楷书"腐"（宋·赵构）

"腐"在《说文解字》中的意思是：

烂也。

---

① 伯夷，炎帝第十四代世孙，商末孤竹国君长子。

"肉"既然是表意义的,那就可以认为肉烂了。所以一开始"腐败"指的是有机物腐烂变质。这种腐败我们能马上看到"象"。而引申义说明人腐化堕落,社会、制度、机构黑暗混乱。这个"象"有时候是裹藏在一个华丽而且冠冕堂皇的外表之下的。如果不被发现,我们就意识不到"腐"。肉体的腐烂还好说,如果人心腐烂,道德败坏,那给这个社会造成的负面影响是巨大的。

大家都知道唐代诗人曹邺[①]的那首《官仓鼠》:

> 官仓老鼠大如斗,见人开仓亦不走。健儿无粮百姓饥,谁遣朝朝入君口?

此诗借用了官仓鼠来比喻那些肆无忌惮地搜刮民脂民膏的贪官污吏。辛辣地讽刺了大小官吏只管中饱私囊、不问军民疾苦的腐朽本质。

而说到腐败分子,和珅是中国古代腐败分子的典型人物,人们议论腐败现象,难免要提到他。和珅贪污受贿的数额究竟有多少?据清朝许指严所著的《十叶野闻》记载:"以亿兆计"。《亚洲华尔街日报》评选出上个千年世界最富50人,其中中国占6人,和珅为其一,而同时代只有和珅一人,可见,和珅当时富有为天下第一。

这样富可敌国且受乾隆皇帝宠爱的大臣,最后落得的下场是什么呢?狱中自尽。

反腐倡廉成了永远的社会话题。为官是"廉"还是"腐",究其根源,其实还是要归在这个人的德行上。面对名利、更高的官位、物质的诱惑,能否做出正确的选择取决于这个人对"官"的认识,是用这个"官"来满足自己,还是用它来造福人民,这种观念是他接下来的行为的根本动力。腐败其实就是出自人的贪欲。人为什么贪,是价值观出现了问题,觉得人生在世,应该及时行乐,不择手段的事只要天知地知我知,别人不知就行,他们没有想到,若要人不知,除非己莫为。

和珅

宋代起,县衙的门口影壁墙上,会有这样的话:尔俸尔禄,民脂民膏,下

---

① 曹邺,字邺之,晚唐诗人。

民易虐，上天难欺。你的俸禄来自百姓的供养，榨取百姓的财富容易，欺骗上天很难。

从古至今，那些爱国爱民的廉洁清正的官永远活在老百姓的心中，成为了流芳千古的人物。而那些腐败堕落的昏官，虽得到了一时的满足，终将逃不掉历史的审判。

描一描

查一查

包拯是有名的清官，关于他的故事有哪些？

背一背

夫君子之行，静以修身，俭以养德。非淡泊无以明志，非宁静无以致远。——《诫子书》

做一做

制订一个计划，通过这个计划来完成一个小小的目标。记住，一定要坚持！

贪嗔痴与戒定慧

——幸福路上的选择

板书依伴阅读

楷书"贪"（宋·赵构）

　　大家都看过1986年版的《西游记》吧？这部经典的电视剧让无数人痴迷，每到放寒暑假的时候，只要打开电视机，英俊的美猴王就会出现在屏幕上。

　　《西游记》里唐僧的三个徒弟的特点可以分别用一个字概括，即贪、嗔、痴。贪，就是对顺的境界起贪爱，非得到不可，否则，心不甘，情不愿。猪八戒是贪的代表。取经过程中，他处处表现得很贪婪，贪吃贪睡贪色。嗔，就是对逆的境界生嗔恨，没有称心如意就发脾气，不理智，意气用事，争强好胜，孙悟空是嗔的代表。他因为王母娘娘的蟠桃会没有请他，仙女用语言讥讽他，一怒之下大闹天宫，被压在五行山下五百年。观音院里向金池长老炫耀唐僧的锦襕袈裟，五庄观内偷吃人参果，还连根拔了人参果树。所谓痴，就是不能做出决策，反应有些迟钝。沙僧是个代表。

　　先来看看"贪"吧。

　　这个字由两部分组成。上面一个"今"，底下一个"贝"。这个字是形声字。"贝"代表形旁，"今"代表声旁。"贝"古时候代表"货币"，用来交换、流通货物，后来发展成各种钱币，因此贝代表"物"。而有了物，还不满足，还想要更多，结果就变成"贪"。

篆书"贪"   隶书"贪"（汉·曹全碑）

人难道不是拥有越多越好吗？这样想就是把正常的需要和贪欲混为一谈。"贪"这个字在《说文解字》中的意思是：

欲物也。

即想要得到钱财货物。现如今，有些人欲望炽盛，看到琳琅满目的商品，心不再安定了，总要得到更多，以至于疲于奔命，弄得自己痛苦不堪。无论"贪"什么，对我们来说都阻碍了去往幸福的路。

贪的过程就是想要得到的过程，如果得不到呢？就引来了"嗔"。

行书"嗔"（明·唐寅）

"嗔"这个字，也是由两部分组成，很显然是形声字。心里有了"嗔"，如果表现的话，一般情况下是先说出来。对于"嗔"，《说文解字》中的解释是：

盛气也。

指遇到问题盛气凌人、咄咄逼人的样子。现代社会，很多人的耐性差，容忍度低，很小的一件事情都会生出可怕的行为。"嗔"一开始虽然只是说出来，但古人讲"祸从口出"，一念嗔恨导致极端后果的事情绝不在少数。孙悟空的嗔恨使他五百年失去自由，一些人的嗔所带来的往往是无尽的痛苦。

楷书"痴"（唐·国诠）

说完"贪""嗔"，再来说说"痴"。一看到"痴"，我们往往会想到痴呆，智商低等，其实并非如此。我们看"痴"这个字，早期写法是"疒"里面有一个怀疑的"疑"。我们可以这样想，并非没有知识的积累就是"痴"，对事实真相表示怀疑，才属于一种病态。"痴"的人往往不明白事理，是非不明，善恶不分。《说文解字》中对"痴"的解释就是：

> 不慧也。

即没有智慧。细想想，现在有很多受过高等教育的人却没有智慧，或者说不明事理。当他面对人生的十字路口的时候，无法做出正确的选择。当他面对巨大的物质诱惑时，无法做到"凡取与贵分晓"。更可悲的是实施了错误的行为之后，还认为自己做对了，这就是"痴"的一大特点：不知自己做错了。做了错事，对人家的忠告劝说还表现出极大的怀疑，认为这都不可能发生在自己身上。沙和尚的"痴"表现得比较明显，比如在师父和师兄都被抓走后，显得茫然无措，没有主意，关键时刻不知怎么决断等。唐僧在"三打白骨精"中，也显出了"痴"的状态，因为他肉眼凡胎，认不出妖怪，于是错怪知道真相的孙悟空，对悟空解释的话完全不相信。

如何铲除这些幸福路上的障碍呢？可以靠"戒定慧"。

我们先来看看"戒"。在"戒"的甲骨文中，我们清晰地看到，有两只手，捧着一个"戈"，意思就是要时刻保持警惕，做好战斗准备。"廾""戈"表示双手持戈，以警戒意外的发生。

甲骨文中的"戒" 　篆书"戒"（清·吴让之） 　隶书"戒"（汉·乙瑛碑） 　楷书"戒"（唐·柳公权）

因此《说文解字》中，"戒"的意思是：

> 警也。

警惕什么呢？对于我们现代人来说，要警惕各种欲望的膨胀。人往往是在极度放松的情况下，没有任何戒备的状态中出现问题的。拿吃来说，我们总是想满足口腹之欲，于是吃各种奇珍异味，最后闹得一身病。为官的人放松警惕，贪心很重，拿了不该拿的钱，结果锒铛入狱。还有的人贪图名利虚荣，做出了很多触碰道德底线的事情，最后自己名誉扫地。这都是在该警戒自己的时候出了问题。

我们再来看看"定"。

甲骨文中的"定"　　篆书"定"（元·赵孟頫）　　隶书"定"（汉·史晨前后碑）　　楷书"定"（汉·钟繇）

我们可以从"定"的甲骨文中看到，这个字由两部分组成，一个是"宀"，一个是"正"。正是纠正，使恰当的意思。《说文解字》中，"正"的解释是：

> 是也。

"正"这个字用"止"作字根，指事符号"一"表示阻止错误。"定"从字面上来看，就是一个人在屋子里，完全安定下来，不让自己有任何邪念、邪行。因此《说文解字》中"定"的意思是：

> 安也。

当一个人有了"戒"，有了做人做事的规矩，很显然，他的心就会"定"下来，自然不会做出错事。这就好像一池水一样，如果水面泛起波澜，就好似我们的心有了波动，这时候就是人不清醒的时刻。当水面恢复平静，你能看到池底的时候，也就等于你恢复了平静，保持了内心的安定，自然很多事情能看清，能做出准确的决策。

楷书"慧"（唐·柳公权）

有了"定力",人自然生"慧"。聪明跟智慧有本质上的区别。我们再来看"慧"这个字。

它是典型的形声字。"彗"加"心"。慧属于心灵层面,对事、理的高度悟性。一个聪明的人不见得是智慧的。还是那句话,高学历的人做错事的也不少。生活在痛苦之中无法自拔而自己找不到根源,这些问题在一个拥有智慧的人身上是不可能发生的。一个真正拥有智慧的人,能清晰判断出一件事的本质,能用相应合情合理合法的行为来解决。

描一描

篆书"定"

想一想

"贪嗔痴"当中,你哪方面的习气比较重?打算怎么改呢?

做一做

当家里有人因为小事生气时,你该怎么规劝呢?

查一查

人身上不好的习气不止"贪嗔痴",还有别的,那是什么呢?去查一查吧。

自暴自弃
——被忽略的一层含义

板书伴阅读

过度表现 ← 暴 自 棄 → 过度自卑

↓

正视自己 反思改过

知行合一

篆书"暴"（秦·李斯）

"自暴自弃"这个词是师长们经常用来教育那些不思进取的孩子们的词语。它等同于俗语"破罐破摔"，它在《现代汉语词典》中的意思就是：自己甘心落后，不求上进。认真看看这成语中的两个字"暴"与"弃"，我们才知道，其实这个词的含义被我们忽略了一层。《孟子》中这样说：

> 自暴者，不可与有言也；自弃者，不可与有为也。言非礼义，谓之自暴也；吾身不能居仁由义，谓之自弃也。

意思大致就是，自暴的人，不可以和他谈话，自弃的人不可和他有交往。言谈不合乎礼义，这叫自暴，自身不能够安守仁义，这叫自弃。由此看出，"自暴"与"自弃"不是一个意思。不能笼统说不思进取，甘心落后。所以我们还是从汉字入手，看看这两个字的真正含义吧。

先来看"暴"这个字。

汉字里的国学 | 二〇二

隶书"暴"（汉·西狭颂）　　　　楷书"暴"（晋·王羲之）

这个字是由四部分组成的，分别是日、出、廾和米。很显然，从构字部件上来看，太阳出来了，双手捧着米出来在阳光下晒，这个意思就是"暴"。

"暴"这个字很多典籍当中都给出了定义，比如《孟子》中这样说：

> 一日暴之。

这里的暴，就是晒的意思。

《墨子》中说：

> 数暴乾。

这里面的"暴"也是"晒"的意思。

我们来分析"自暴"到底是什么意思。说白了就是在光天化日之下，把自己拿出来"暴晒"。把自己的什么拿出来"晒"呢？它肯定是"自弃"含义的另一个极端，那就是把自己觉得了不起的、值得炫耀的东西拿出来到处张扬，有点像现在我们所说的"无时无刻不表现自己"。孟子说，跟这样的人，没什么可说的。倒不是因为这样的人已经把自己该表现的都表现出来，大家知道了，而是因为这样的人言谈举止往往是傲慢无礼、不可一世的。

如今，"自暴"的人很多，他们把自己做的所有事都"晾晒"出来给大家看。可能这样的人觉得不"自暴"就不能让别人认识或者看清楚自己，尤其是在现在信息发达、传播迅速的社会，通过各种媒介方式都能让自己迅速"走红"。浅层次的"自暴"使有的人生活过得几乎"透明"，啥都要"暴"一下，今天吃的啥，今天穿的啥，今天买的啥，都要"告知天下"。

还有的"自暴"是不失时机表现自己，让大众"点赞"，让大众看到自己的

"优秀"，高调地摆出"自己"，任众人评说。更有甚者以丑为美，制造各种噱头让自己在众人中"脱颖而出"，吸引别人的关注。

自暴引来的麻烦有很多。《西游记》中有一个故事叫"祸起观音院"。观音院中的金池长老也是个爱炫耀、贪婪无比的人。孙悟空对金池长老库房里收藏的袈裟不屑一顾，在金池长老面前炫耀唐僧的锦襴袈裟，结果引出祸事。一场大火烧死了贪婪的金池长老，锦襴袈裟也被黑风怪偷走，最后不得不找到观音菩萨来帮忙。这告诉世人莫在人前炫耀。炫耀的时候，你的语言自然充满了傲慢，自然不符合礼义。

这就如孟夫子所说的"言非礼义谓之自暴"吧。

再来看看"弃"这个字。

篆书"弃"（周·散氏盘铭）　　隶书"弃"（晋·好大王碑）　　楷书"弃"（汉·钟繇）

从篆书中我们可以看出，这个字表示双手推着箕筐将婴孩丢在有人过往的地方。"云"是倒着的"子"，代表不孝之子，这样的孩子人所弃也。

在古代，子女如果虐待和忤逆父母，父母是可以把子女告到官府，让官府来惩戒的。不孝，在古代就是重罪，所以这里抛弃的不是婴儿，而是逆子。可见，古人真正的"弃"是在有的人道德品行卑劣到一定程度，不可救药的状态下而扔之。

"自弃"就是自己甘愿落后，不思进取到了极点，然后就像扔东西一样，把一切都交给上天。这样的生活态度是很消极的，因为没有清醒的认识，看不起自己，于是也就不再为自己负责，听之任之。这样做只能坑了自己，而且人在这种状态下不可能感受到真正的快乐。一个人如果生活没有了目标，所追求的都是吃喝玩乐，那他的生命价值也就降低了。自弃的前兆往往就是自卑，就是觉得自己什么都不行，什么都干不好，人家都比自己强。自卑如果过于强烈，过于持久，自己不能清晰地看待自己，甚至连自己的优点都看不到时，那就成了自弃。

这个世界上，没有任何东西是一模一样的，每个东西都有自己的特点，更不要说人了。就像右侧的这幅漫画,每个人境遇不同,但这境遇却最适合自己,所以不需要嫉妒和无谓地攀比。

那现在有个问题,就是有人不断挑战你的短板怎么办?一个字"忍"。有的时候需要卧薪尝胆,需要忍受。

春秋时期,吴王夫差在与越国交战中大败越王勾践。夫差要捉拿勾践,越国大臣范蠡出策,让越王假装投降,留得青山在不怕没柴烧。越国君臣在吴国为奴三年,饱受屈辱,终被放回越国。勾践暗中训练精兵,每日晚上睡觉不铺褥子,只铺些柴草(古时叫薪),又在屋里挂了一只苦胆,他不时尝尝苦胆的味道,为的就是不忘过去的耻辱。最终励精图治,成功复国。越王勾践亦成为春秋时期最后一个霸主。这就是"卧薪尝胆"的来历。

所以,忍,有的时候是成就一个人的铺路石,让人能够耐得住寂寞,在最孤独的时候,能挺过来。自己要下定决心,怀有实现目标的希望。这是别人给不了你的。

另外一个,就是要经得住诱惑,这是另外一种忍,我们往往抵抗不住。"忍"这个字,为什么这么构字啊,因为对心灵是一个巨大的考验,但,只要经受住这个考验,你就是勇敢的。

自我放弃的人往往内心是需要别人关注的,这时候,如果有人能在身边给予关爱和鼓励,很多自我放弃的人的命运也许就会改变。可归根结底,还是要靠自我救赎。

《弟子规》的结尾这样说:

勿自暴,勿自弃,圣与贤,可驯致。

这句话就是在告诉后人：遇到困难或挫折时，不要自我放弃，也不必愤世嫉俗，看什么都不顺眼；而应该奋发向上，努力学习，不怕挫折，把失败当作成功之母，任何美好的结局都要经过艰辛的努力才能得到。

《孟子》中有这样的话：

> 曹交问曰："人皆可以为尧舜，有诸？"孟子曰："然。"

意思就是曹交问孟子："人人都可以做尧舜那样的贤人，有这说法吗？"
孟子说："有。"

是啊，如果你不断努力，循序渐进，最终也可达到圣贤的境界。从这句话我们也能够体会到，当一个人在社会中立足时，遇到各种问题，不要向外找原因，抱怨这个抱怨那个毫无意义，而应该向内找自己的问题，这就是：

> 行有不得，反求诸己。

不断在反省中改正自己的过错，纠正自己的言语行为，这就是一个人修身的过程，在这个反复"自新"的进程中，你会有"日日新，又日新"的进步，如果人是这样想和这样做的，怎么会"自弃"呢？

我们不能在逆境中轻言放弃自己，也同样不能因为拥有了什么成就而妄自尊大，而应该在任何时刻做到"宠辱不惊"，成为一个能始终守住自己"心"的人。

描一描

想一想

当一个人过度表现自己的时候,会有什么样的问题出现?

背一背

古今之成大事业、大学问者,必经过三种之境界。"昨夜西风凋碧树,独上高楼,望尽天涯路",此第一境也。"衣带渐宽终不悔,为伊消得人憔悴",此第二境也。"众里寻他千百度,蓦然回首,那人却在,灯火阑珊处",此第三境也。——王国维

做一做

当你觉得沮丧的时候,可以观看一些励志的电影来鼓励和振奋自己。推荐一部电视剧和一部电影:《士兵突击》《当幸福来敲门》。

竞争

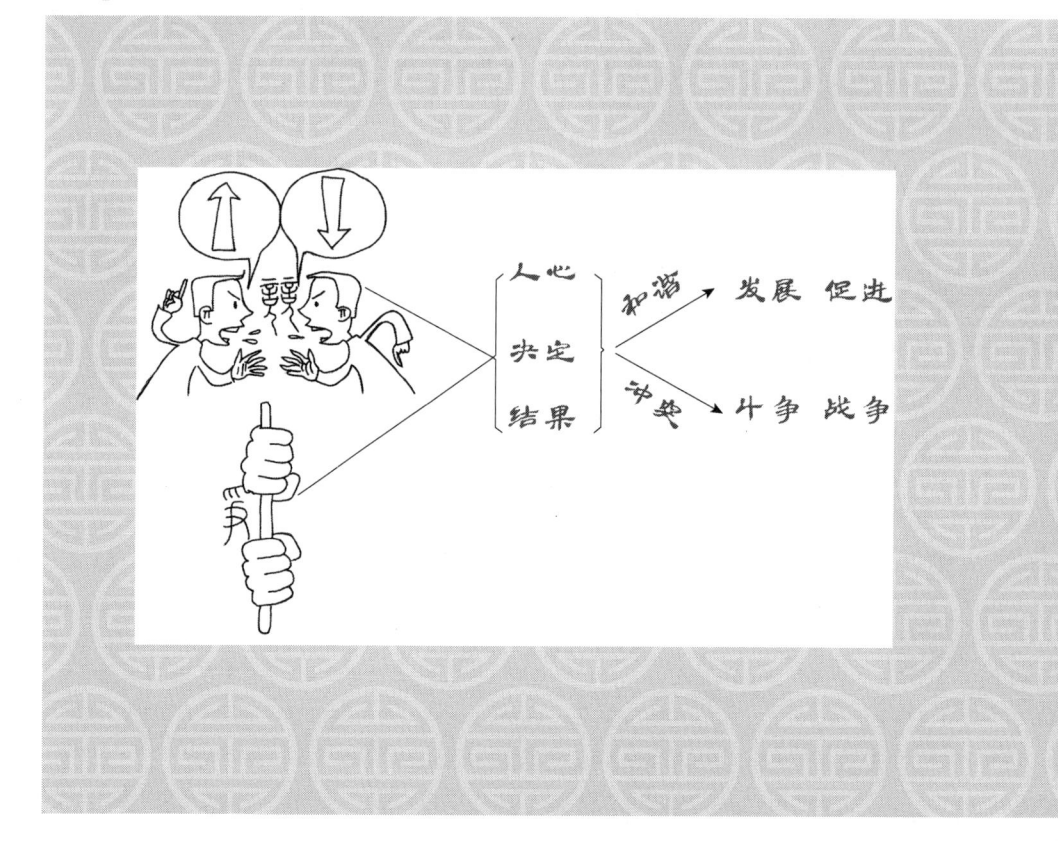

——战争的源头

板书依伴阅读

篆书"竞"（周·冬戈簋）

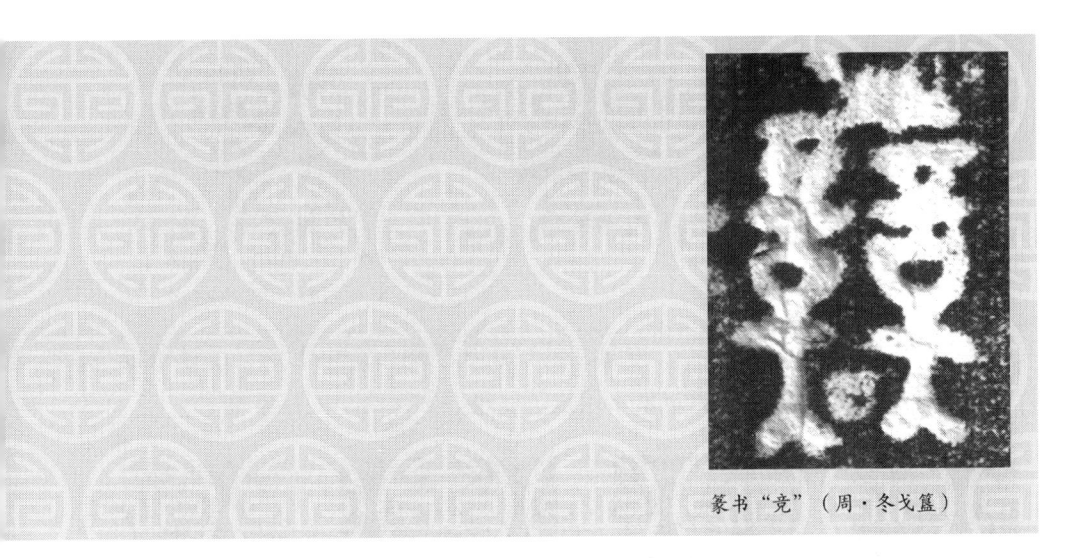

每一个汉字都有自己独立的意思。有些汉字凑在一起你觉得表达的就是一个意思，其实不然。比如疼痛、衣裳、病症……今天我们就挑出一个来聊一聊。看看"竞""争"这两个字到底表达什么含义。

我们先来看看"竞""争"二字是如何演变的。

上图是"竞"的大篆写法。

看上去像两个人，两个人上面是"言"。这个字突出的是两个人在对话，而这个对话不太平静，是两个人抢着说。

《说文解字》中，"竞"的意思是：

> 强语也。

我们常说：

> 君子动口不动手。

指该讲道理时讲道理，别动粗。

篆书"竞"（元·赵孟頫）　　隶书"竞"（元·赵孟頫）　　楷书"竞"（宋·赵构）

再来看一看"争"这个字，甲骨文的写法如下图，是上下两只手在争抢一件东西。如果只有一个人，肯定就不用抢了，很显然是两个人在争抢。

甲骨文中的"争"　　篆书"争"（秦·李斯）　　隶书"争"（汉·石门颂）　　楷书"争"（宋·赵构）

《说文解字》中，"争"的意思是：

◀ 引也。▶

什么是"引"？段玉裁在《说文解字注》中这样解释：

◀ 凡言争者，皆谓引之使归于己。▶

凡是说到争，都指的是拉拽某个东西让其归自己所有。很显然，"争"这个字所表达的含义要比"竞"激烈，因为它已经上升到了肢体行为了。

在《现代汉语词典》中，"竞争"的意思是"为了自己方面的利益而跟人争胜"。从这个解释可以看出竞争的内容是充满火药味的。中国古代竞是竞，争是争，古人很讲究，只要能用语言说服对方的时候，就不要动手。

《周易》有六十四卦，每一卦都是有吉有凶有好有坏，很难找出一卦完全吉利的，唯有"谦"卦，上下三爻皆吉，称得上大吉大利。"谦"卦是什么意思呢？

"谦"是《周易》中第十五卦，我们现代人用的"谦虚"这个词就来自该卦。其卦象上面是"坤"卦，代表大地，代表卑微恭顺，也代表孕育万物的母体；下面是"艮"卦，代表高山，代表进取和活力，也代表意气风发的少年。高山深藏于大地之下，这就是"谦"卦。就是在告诉你，人要谦虚一些，莫要趾高气扬，骄傲自满。我们常看到，一些有很高修养和本领的人，却过着平淡朴实的生活；非常富有的人，却一点也不奢侈炫耀；明明是武林高手，却从不争强好胜；学识渊博的人，却总能看到自己的不足，虚心学习别人的长处。这些都是"谦"卦蕴含的美德。

"谦"卦

三人行，必有我师焉。

无论是什么样的人，都有你可学习的地方。

我们承认，竞争确实能够促成一些事，但它有后遗症。有没有可能无须竞争，社会就能以和谐的方式存在呢？有，归根结底还要看人。

有一点可以肯定，当一个人真有德行，真有本领的时候，总会有一个机会让他大放异彩，无须时常跟人家比个高低。当然，这也需要有慧眼的伯乐。我们要思考：竞争，到底是不是让社会发展，让每个人找到自己合适位置的最佳方式呢？

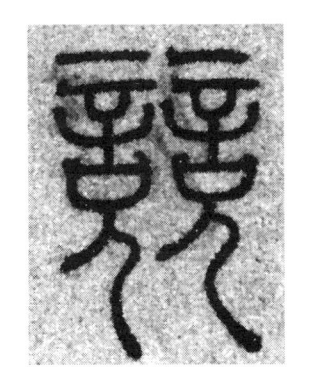

描一描

想一想

如果你与人竞争某个岗位或者职位失败了,应该怀着怎样的心态来面对结果呢?

背一背

虚己者进德之基。——方孝孺

不骄方能师人之长,而自成其学。——谭嗣同

做一做

通过某种途径,观看著名高等院校的辩论大赛,看看辩手们是如何阐述观点的。

修

身

仁

——不只是两个人的事

板书陪伴阅读

地之数 — 仁 — 博爱
　　　　　　　兼爱
　　　　　　　仁政

甲骨文中的"二" 　　篆书"二"（周·害夫簋）

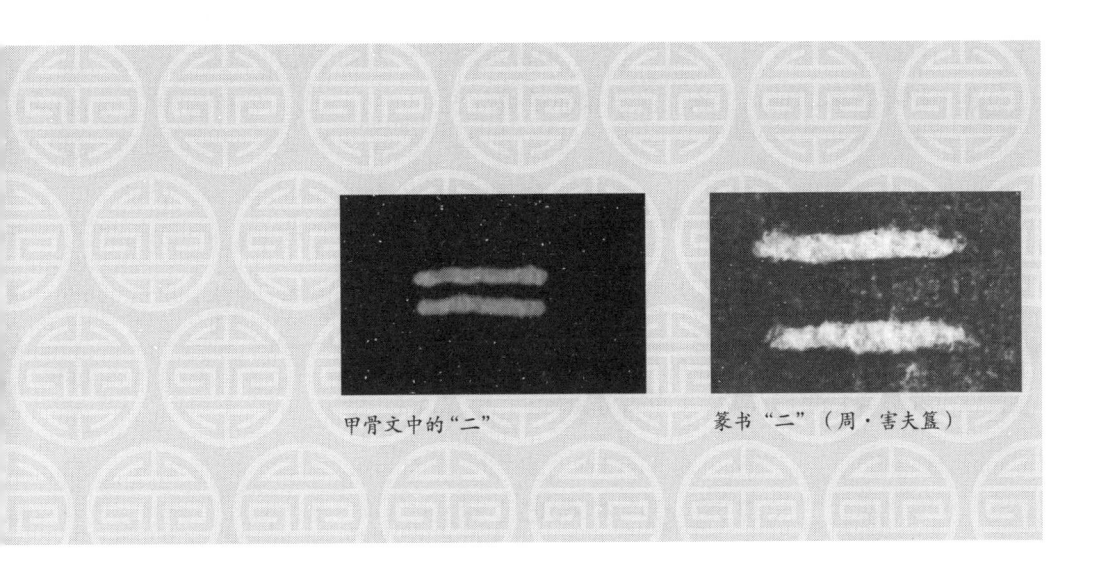

　　儒家的核心理念是"仁"，就是推己及人，以至天下万物的爱心。在《论语》中，核心理念也是"仁"。

　　到底什么是"仁"，我们先来读一下韩愈的这句话：

博爱之谓仁，行而宜之谓义。

　　这句话的意思就是具有博爱之心可以称为仁，以博爱之心去行动称得上义。

　　我们来一起观察"仁"这个字，这个字的结构为什么是一个"二"加一个"人"？有的人可能要说就是两个人在一起，才能体现出"仁"这种品质。也有人说，之所以是一个"二"，一个"人"，是表达心里要存着他人的意思。可见组成这个字的"二"是关键，我们先来看"二"的演变过程。

隶书"二"（汉·华山庙碑）　　隶书"二"（清·尹秉绶）

我们可以清楚地看到，"二"这个字最初是两个一样长的横。

北宋初年著名的训诂学家、文学家徐炫曾经说：

> 仁者兼爱，故从二。

什么是兼爱，就是无差别等级的爱，不分厚薄亲疏的爱。这称作仁。这种感情，必须至少两个人在一起才能生发。

首先要具备仁德的品质。《中庸》里说：

> 仁者人也。

有仁爱之心才是儒家价值体系里合格的人。

讲到"仁"这个字，我们不禁想到了跟仁有关系的一个词语——果仁。果仁是种子，是生命的核心。可以联想到，做人的核心就是具有仁德。仁者，人也。

相信大家都听说过这句话，叫仁者无敌。仁者怎么会没有敌人呢？

因为当一个有仁德的人慈悲地对待所有人的时候，自己不会再纠结谁把自己视为敌人，即使别人认为自己是敌人，自己看他却不是。然后自己用宽厚的充满仁爱的心，去感化把自己视为敌人的人。

右图中的人是美国第十六任总统林肯。林肯组建内阁的时候，曾任命自己的竞争对手蔡斯为财政部长，许多人都反对，认为蔡斯虽然能干，但十分狂妄自大，在竞争的时候，曾拼命攻击林肯，给他找麻烦。一个高官直接批评林肯，不应该试图跟那些人做朋友，甚至把大权交给他们，而应该消灭他们。林肯却十分温和地说，难道我不是在消灭我的敌人吗？林肯尊重他的对手，也赢得了对手的信任，蔡斯成为一名出色的财政部长，成了林肯最得力的助手。无数事实证明，化敌为友，是取胜的法宝。

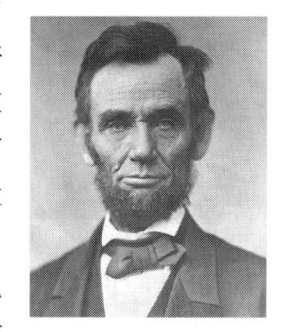

林肯

既然仁者无敌，那么作为一国之君，施以仁政最重要，即仁爱百姓。中国历史上出现了许多有名的"治世"，"文景之治"就是其中之一。

"文景"指的就是汉文帝和汉景帝。西汉初年，由于秦末以来连年战乱，社会经济非常贫困。史书上记载当时的情况是：百姓无法在田地上生产，到处是饥荒。汉文帝即位后多次下诏减免田租，对周边少数民族采取安抚友好的政策。文帝为了减免人民税负，还减少自己的开支，裁减侍卫人马。对国家的财政开支进行节制和缩减。《史记》中记载了文帝时的社会状况：

汉文帝

> 百姓无内外之徭，得息肩于田亩，天下殷富，粟至十余钱，鸣鸡吠狗，烟火万里。

天下一派平和安宁的景象，生活气息特别浓厚。

景帝继承了父亲文帝与民休养生息的政策，也曾下诏说，农业是天下的根本。还广兴办学，实施仁义和礼仪教化，使民风淳朴，崇尚道德。

景帝也非常重视以身作则，亲自耕种田地，皇后亲自种桑养蚕。不以强凌弱，不以多欺少；使老人得以长寿，幼儿孤儿能顺利成长。

到景帝后期时，国家的粮仓逐渐丰满起来，府库里的大量铜钱多年不用，以至于穿钱的绳子烂了，散钱多得无法计算。这是国君施以仁政的结果。

汉景帝

那么针对每一个人来说，如何做到仁？其实就是好好修身，做一个道德品行高尚的人。让自己成为一个充满爱心，充满正能量的人，然后推己及人。

《说文解字》中，"仁"的意思是：

> 亲也。

顾名思义，亲爱就是"仁"，这个亲爱涵盖了世间万物。

"仁"是儒家的核心思想，不仅在漫长的两千五百年间滋养了无数中华儿女，而且在当今世界受到各国人士的敬仰和推崇。

甲骨文中的"仁" 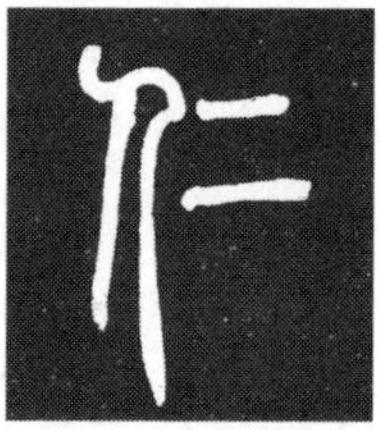　　　　　　　篆书"仁"（清·邓石如）

隶书"仁"（汉·曹全碑） 　　　楷书"仁"（晋·王羲之）

描一描

背一背

志士仁人，无求生以害仁，有杀身以成仁。——《论语》

做一做

无论你心里还恨着谁或者讨厌谁，请尝试着放下。

义

——自我气质的塑造

板书依伴阅读

— 定义

— 信

— 行

篆书"义"（周·虢季子白盘）　　篆书"义"（清·邓石如）

　　我们再来看另外一个字，"义"。这个字跟"羊"有什么关系呢？我们要探寻汉字的本源，就必须关注它的本来面目。"义"繁体写法应该是"義"，"羊"字头下一个"我"，以下是它不同字体的写法。

隶书"义"（汉·史晨前后碑）　　楷书"义"（唐·柳公权）

"义"在《说文解字》当中的解释是：

> 己之威仪也。

　　这个解释很贴切。"羊"代表了一切美好的品质，而这些品质不是用来要求别人的，而是用来要求自己的，所以羊头下一个"我"。当我们自己拥有了高尚的道德情操，自然而然就会有一种"气质"流露出来，这种气质其实就是

汉字里的国学 | 二二〇

一种威仪，一种让人仰止的气势。三国时期关羽就是"义"的代表人物，他几乎可以成为"义"的代名词。《三国演义》中，关羽千里走单骑，过五关斩六将，华容道义释曹操，单刀赴会……这些至今让人津津乐道的事迹都在表现着关羽的"义"。于是，他成为民间最受欢迎的"神"。

在浩瀚的历史长河之中，中华民族拥有无数具有忠义品格的人，他们忠于职守，克己奉公，刚直不阿，坚贞不屈。如范蠡，介子推，苏武，岳飞，文天祥……要弘扬中华优秀的传统文化，就要让我们后世子孙继承这样的民族精神。

那么联系现在的社会，人怎样做才是"义"呢？《论语》中这句话说得好：

君子喻于义，小人喻于利。

君子做事要先看这件事符不符合道义，而小人做事先看这件事能不能给自己带来利益。用这句话来衡量做事的初衷就可以了。只要你的言行举止合情、合理、合法，合乎道义，不违背良心，就可以称作"义"。相反，做事先考虑自己的得失，自私自利，行为举止完全背离道德标准，那就有《左传》里那句名言：

多行不义必自毙。

义是人人向往的。社会正风正气得以弘扬，那才是人人向往、人人盼望的美好境界啊。

描一描

義

背一背

仁，人之安宅也；义，人之正路也。旷安宅而弗居，舍正路而不由，哀哉！——《孟子》

义之所在，不倾于权，不顾其利。——《荀子》

做一做

有个老电影叫《烈火中永生》，那里面为解放事业而牺牲的英雄都是有义之士，同时也有一些背信弃义之人。看完后你就明白什么叫真正的"义"了。

礼

——得体地进退

板书依伴阅读

敬畏之心　离辱远耻　进退得体

天地人和

修身

甲骨文中的"礼"

《论语》上说：

◀ 不知礼，无以立也。▶

人要是不懂得礼，没法在这个社会上立足。有的人会问：有这么夸张吗？那我们先从这个字入手，看看"礼"到底在讲些什么。

繁体的"禮"右边最下面一部分表示一个器皿中盛放着非常贵重的东西，而且很多。我们先来看看这个器物。这个器物叫"豆"，下图左侧就是出土的青铜豆。"豆"本义是盛食物的器皿，而这种器皿的造型，跟现在的"豆"字类似，所以"豆"是象形字。

甲骨文中的"豆"

"礼"这个字的篆书是这样的写法（如下图）。在原有的基础上，添加了一个"示"。示字旁最初的意思就是上天垂象。古人仰观天象，因此对气候变化非常敏感，祭祀的时候，仰观天象，希望上天给自己一些提示和帮助。要表示对天的仰慕、恭敬，就要有东西祭奉。因此履行祭祀的仪式，就是"礼"最初的意思。

篆书"礼"（元·赵孟頫） 　　甲骨文中的"示" 　　篆书"示"

隶书"礼"（汉·乙瑛碑） 　　楷书"礼"（唐·柳公权）

《说文解字》这样说：

> 禮，履也。所以事神致福也。

"礼"是中国文化强调的内容，孔子曾说："不知礼，无以立也。"他这样强调礼，就是因为他看到当时的社会忽视了"礼"而造成礼崩乐坏，世风日下。来看孔子给我们的提示：

> 恭近于礼，远耻辱也。

恭敬要符合礼，这样才能远离耻辱，为什么这样说？既然"礼"一开始是指祭祀祖先、神灵、天地的仪式，我们就从仪式开始说起。2014年12月13日，是我们国家首个国家公祭日，祭奠在南京大屠杀中死难的同胞。这是最为隆重，规格最高的祭祀仪式。国家用这样的方式告诉我们：前事不忘，后事之师。这是对历史的铭记，让后人居安思危，不让这样惨痛的历史重演。

每月的第一天，天安门广场会举行非常庄严的升国旗仪式。当五星红旗冉冉升起的时刻，怎能不激发起民众的爱国热情？

外国首脑来到中国访问，都要进行迎宾仪式，表示对对方的国家的尊重。

以上这些礼仪能够省略吗？回答肯定是不能。因为在这样的礼节中，传递着种种重要的信息：尊重、纪念、敬仰……这也就让我们理解了"恭近于礼，远耻辱也"的道理。

如果说一个国家需要"礼"，一个家庭需要不需要"礼"呢？回答也是非常肯定的。

客人来了，我们要懂礼。新人结婚，我们要懂礼。大家在一起团圆，同样要懂礼……如果礼仪渐渐被忽略，恭敬心也就慢慢消失。小孩子从小如果没有恭敬心，很难想象长大会成为什么样的人。这也是现在有些人变得自以为是、想怎样就怎样的重要原因。

当然，有些人为了突出礼仪，把礼仪的形式搞得极尽奢华，也是不对的。《论语》里，孔子说过这样的话：

> 礼，与其奢也，宁俭。丧，与其易也，宁戚。

礼仪与其极尽奢华，不如节俭；丧仪与其铺张，不如心生悲戚。孔子要表达的是形式固然重要,但最重要的还是那颗心。通过仪式把这种心情表达出来就行了,如果形式大于内容,或者根本没有形式,都是不对的。形式始终要与内心的感受相对应。

综上所述,《论语》中的"不知礼,无以立也"这句话是非常有道理的。人们要通过各种礼来传达一种感情,恭敬,尊重,敬畏……这能在无形中约束某些人过分的行为,那这个社会就会安定。相反,所有的礼都消失,想怎样就怎样,看似符合"自由",其实所付出的代价是惨痛的。如果人们对什么都无所谓,对什么都没有恭敬与尊重的心,那么社会风气肯定好不到哪里去。

描一描

背一背

君子不失足于人,不失色于人,不失口于人。——《礼记》

做一做

这个世界上,没有人会讨厌懂礼貌的人,恰到好处的礼貌会让你受益无穷。在各种场合中,我们应该怎样做才算懂礼貌呢?在生活中实践一下吧。

智

——真正的『聪明』

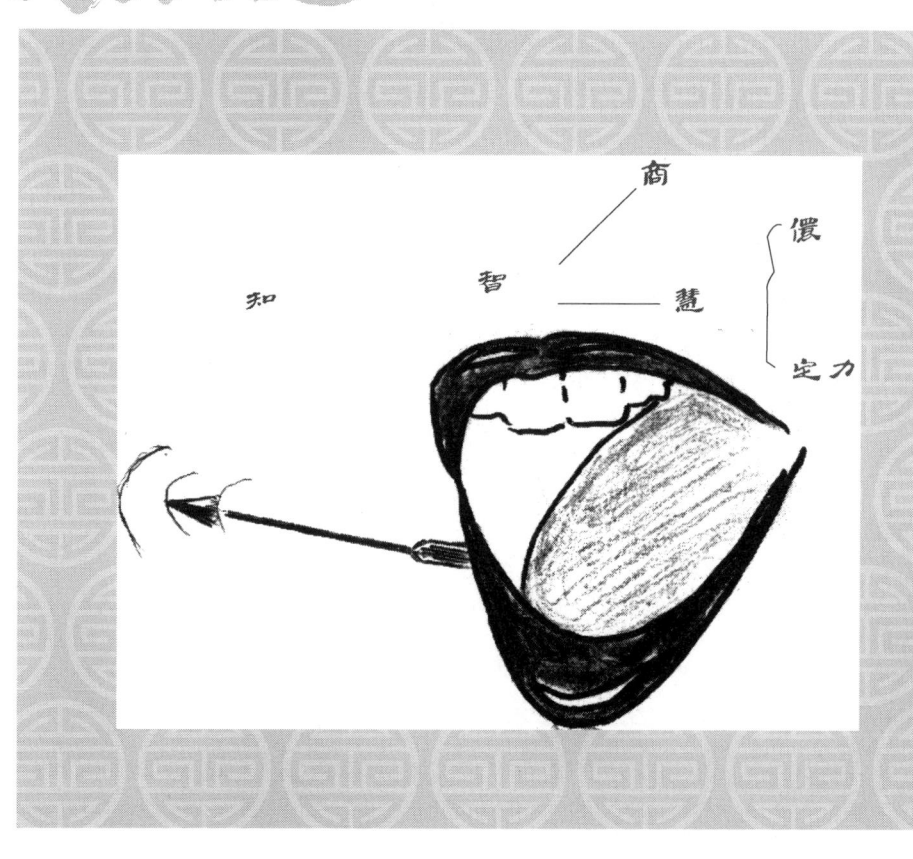

板书伴读

知　智　慧　　商
　　　　　　　 悟
　　　　　　　 定力

篆书"知"（清·吴昌硕）

　　一提到"智"，现代人大多先想到"智商"。可中国古人所说的"智"要比现代人所认为的"智"范围大、意义深，因此今天我们一起来说一说"智"这个字。

　　首先要说明的是，古时候"知"是"智"的通假字。这个字一开始到底是什么意思呢？

　　先来看"知"的写法（见上图）。

　　它是由两部分组成：一个是"矢"，一个是"口"。在《说文解字》中，这个字的意思是：

> 词也。

　　这让现代人有些不理解。什么叫"词也"？段玉裁在《说文解字注》中这样说：

> 识敏，故出于口者疾如矢也。

　　意思就是对心中存有的或学到的知识运用娴熟，头脑敏捷，只要是知道的事都能脱口而出，快如射出去的箭。

隶书"知"(汉·西狭颂)　　楷书"知"(晋·王羲之)

有个成语叫"急中生智",就是紧急的时候,能够猛然想出办法来。典型的例子就是司马光砸缸。

司马光7岁时,和一群小孩子在庭院里面玩,一个小孩站在大缸上面,失足跌落缸中,被水淹没,其他的小孩子慌了,而司马光拿石头砸破了缸,水从而流了出来,小孩子得以活命。

北宋时期著名政治家、书法家文彦博自幼聪明过人。一次,他和几个同伴在草地上踢球,一不小心,球掉进一个树洞。同伴们趴在洞口伸手摸球摸不到,用棍子伸到洞里拨球也够不到。大家正在焦急时,文彦博想出个好办法,把水灌入树洞中,水满而球浮出。这就是"文彦博灌水浮球"的故事。

这两个例子都属于急中生智,非常符合"智"这个字在《说文解字》中的意思,也就是能够对紧急的事件迅速地做出反应。

其实,"智"还有更深的含义。

我们先来了解一下儒家所说的"智"到底是什么意思。《释名》中这样说:

> 智,知也,无所不知也。

可见古人对于"智"的理解早已超越掌握知识学问的范围,而是关注了宇宙人生的一切。

《黄帝内经》中对智的诠释,更加接近人的生活:

> 智，正知也，虑远也。

我们都希望自己拥有正知正见，以免在做出人生重大选择的时候出现错误而遗憾，那怎样做才行呢？

《中庸》里认为，做到真正的"智"要符合如下条件：

> 博学之，审问之，慎思之，明辨之，笃行之。

意思就是：广泛地学习知识，周密地探究它，谨慎地思考它，明晰地辨析它，坚定地实行它。

博学，学习要广泛涉猎；审问，有针对性地提问请教；慎思，学会周全地思考；明辨，形成清晰的判断力；笃行，用学习得来的知识和思想指导实践。

在为人处世方面，《论语》这样说：

> 子曰："里仁为美。择不处仁，焉得知？"

孔子说："居住在有仁德风气的地方是美好的。挑选住处，不选有仁风的地方，怎么能说是聪明呢？"

是啊，一个地方的风气非常重要，它可以不知不觉间对我们产生巨大的影响。孟母给我们做出了榜样，为了选择良好的环境教育孟子，多次搬家，这就是"智"的表现啊！这怎么可能只从"智商"的角度来衡量？

> 子曰：可与言而不与之言，失人；不可与言而与之言，失言。知者不失人，亦不失言。

大概的意思就是：可以同这个人讲的话，你却没有讲，这是失掉朋友；不可以同这个人讲的话，你却告诉他了，这是说错话。有智慧的人在与别人交谈中，能够做到既不失去朋友，又不说错话。

讲个故事。有一天，宋太宗与两个重臣一起喝酒，边喝边聊，两个重臣喝醉了，竟在皇帝面前比起功劳来，他们越比越起劲，干脆斗起嘴来，完全忘了在皇帝面前应有的君臣礼节。侍卫在旁看着实在不像话，便奏请宋太宗，要将这两个人抓起来送吏部治罪。宋太宗没有同意，只是草草撤了酒宴，派人分别把他俩送回了家。第二天上午他俩都从酒醉中醒来，想起昨天的事，惶恐万分，连忙进宫请罪。宋太宗看他们战战兢兢的样子，轻描淡写地说："昨天我也喝醉了，记不起这件事了。"就这样，宋太宗既不处罚，也不表态，装装糊涂，事情就过去了。这样做，既体现了领导的仁厚，又展现了领导的睿智，不失领导的尊严，也保全了下属的面子，实在是很有智慧。

有个词语叫"大智若愚"。人不能在每时每刻都显示出自己的"聪明"，这样做有时候是非常愚蠢的。而真正有"智"的人，是在"有道"的时候表现出"智"，"无道"的时候显示出"愚"，这就是大智若愚。反之，则是"大愚若智"。

在治理国家方面，《论语》里提到过：

> 子曰："务民之义，敬鬼神而远之，可谓知矣。"

为百姓的利益服务，恭敬鬼神并远离他们，可以称为智了。孔子要表达的是把目光转向人间，人的责任和义务就是做好"人事"，如果不尽"人事"，单纯地去祈祷，上天不会赐福的。正所谓"成事在人，谋事在天""尽人事而知天命"。其实这对当时的君王为政是很好的启发。

当然，"智"在做学问的时候指的就是对待知识的态度：

> 知之为知之，不知为不知，是知也。

知道就是知道，不知道就是不知道，这样才是真正的智慧。

综上所述，对"智"的认识，我们还要加上一个"慧"字，这样才更能表达它的深意。事实证明，一个人拥有了"聪明"，并不等于他拥有了"智慧"。不是太"聪明"的人，也不一定没有"智慧"。"慧"是典型的形声字，上面是彗星的"彗"，下面一颗心。"慧"在《说文解字》中的意思是：

楷书"慧"
（唐·柳公权）

◆ 儇也。 ◆

段玉裁在注解中这样解释：

◆ 儇，利也。此言慧者多便利也。 ◆

有"慧"的人，做事会得到很多便利。这不是人家给的便利，是靠自己努力得来的。智、慧二字在一起，就是有对人、事、物能迅速、灵活、正确地理解和处理的能力。

衡量一个人是不是有智慧，就要把这个人放在具体环境之中，看他是如何思考、判断、选择并行动的，这些加在一起，做得完美的才能叫作"智者"，才能说明这是一个充满"智慧"的人。

描一描

背一背

子曰："吾有知乎哉？无知也。"——《论语》

做一做

再遇到棘手的问题时，一定要先冷静下来，考虑周全再做决定。万不可冲动行事，意气用事。

信

—— 成事的前提

板书依伴阅读

说话

做事

汉字里的国学

篆书"信"（元·赵孟頫）

儒家的"五常"，是指"人"作为社会中的独立个体，为了自身的发展和社会的进步，而应该拥有的五种最基本的品格和德行。一开始孔子说了"仁义礼"，后来孟子添加了"智"，到了西汉，著名思想家董仲舒又加进去一个"信"。这"信"添加得格外关键。人与人交流，靠的是语言，往往一句话说出，就如泼出去的水再也收不回来，因此讲求"信"是多么重要。

孔门四科，排列的顺序是这样的：

> 德行，言语，政事，文学。

把说话放在了仅次于德行的第二位，其实就是在告诉后人，要学会说话，要对自己说的话负责任。

由此看来，"信"这个字就造得非常到位。

隶书"信"（汉·华山庙碑）　　楷书"信"（隋·智永）

修身

一个人，边上一个"言"，所表达的含义就是一个人说话，最基本的就是"信"，如果言而无信，表里不一，这个人的品行就值得怀疑了。《说文解字》中"信"的定义是：

> 诚也。

意思就是诚实不欺。在《周易》中这样记载：

> 天之所助者，顺也；人之所助者，信也。

大致的意思就是，那些经常帮助人，使他人工作、生活顺利，不去阻碍他人的人，工作、生活自然也会顺利，不会遇到无端的麻烦。一个人如果信誉很高，从不欺诳别人，言行如一，大家都会愿意帮助他，为他出力。

古人很重视"诚信"，《礼记》这样说：

> 不宝金玉，而忠信以为宝。

金银玉帛不能算作宝贝，真正的宝贝应该是忠信。可见，诚信的品质早在几千年前就被人所重视了。

我们可能都知道曾子杀猪的故事，它被记载在《韩非子》中。

曾子的夫人要到集市上去，她的儿子哭着闹着要跟着去。母亲对儿子说："你回去，等我回来杀猪给你吃。"她刚从集市上回来，曾子就要去杀猪。他的妻子说："我不过是开玩笑罢了，你居然信以为真了。"曾子说："孩子可不知道你在开玩笑，孩子都是跟父母学，听从父母的教导。现在你欺骗孩子，就是在教他欺骗别人。母亲欺骗了孩子，孩子就不会相信他的母亲。"于是曾子把猪杀掉了。

曾子是非常会教子的，他知道教育就是上所施下所效。家长说了就必须要做到，孩子在无形之中也就学会了说话要算数、不能信口雌黄的做人道理。

普通人说话不讲"信"，会降低人们对你的信任，也会丢掉很多机会，而一国之君如果把说话当玩笑，那就可能迎来亡国的危险。比如最为著名的烽火戏诸侯的故事。西周时，周幽王为了让宠妃褒姒（bāo sì）一笑，点燃了烽火台。

烽火本是古代敌寇侵犯时的紧急军事报警信号。从国都到边镇要塞，沿途遍设烽火台。西周为了防备犬戎的侵扰，在镐京附近的骊山（今陕西临潼东南）一带修筑了二十多座烽火台，一旦犬戎侵袭，首先发现的哨兵会立刻在台上点燃烽火，邻近烽火台也相继点火，向附近的诸侯报警。诸侯见了烽火，知道京城告急，天子有难，会立刻起兵救驾。虢石父献计令烽火台平白无故点起烽火，引诸侯白跑一趟，以此逗褒姒发笑。幽王也很高兴，因而又多次点燃烽火。后来诸侯们根本不相信了，也就渐渐不来了。再后来犬戎攻破镐京，周幽王被杀死。

国家实施改革制度，同样也要赢得百姓的信任。战国时，秦国的商鞅[①]在秦孝公的支持下主持变法。当时正处于战争频繁、人心惶惶之际，为了树立威信，推进改革，商鞅下令在都城南门外立一根三丈长的木头，并当众许下诺言：谁能把这根木头搬到北门，赏金十两。围观的人不相信如此轻而易举的事能得到如此高的赏赐，结果没人肯出手一试。于是，商鞅将赏金提高到50两。重赏之下必有勇夫，终于有人站起将木头扛到了北门。商鞅立即赏了他五十两黄金。商鞅这一举动，在百姓心中树立起了威信，而商鞅接下来的变法就很快在秦国推广开了。新法使秦国渐渐强盛，最终统一了中国。这就是著名的典故"徙木建信"。

商鞅

韩非子曾说：

小信诚则大信立。

做小事讲信用，就能够建立起很大的信用。再小的事情也要讲究信用，这样，你的信用会逐渐提高。这就等同于"合抱之木，生于毫末"，从小养成说话算数、表里如一的品格，长大之后，你的诚信便会给你带来无限可能。

---

① 战国时期政治家、改革家、思想家，法家代表人物，他通过变法使秦国成为富裕强大的国家，史称"商鞅变法"。

描一描

背一背

志不强者智不达,言不信者行不果。——《墨子》

所谓方者,内外相应也,言行相称也。——《韩非子》

善不由外来兮,名不可以虚作。——屈原

做一做

好好想想,你有没有答应别人的事还没有办到?如果有,那就赶紧行动吧!

羊

—— 美的真谛

板书依伴阅读

- 孤羊特征
- 汉字演变
- 吉祥之意
- 四羊方尊

甲骨文中的"羊"

　　从小听故事、讲故事，我们发现羊往往被放在一个令人同情的位置上。殊不知，古人是多么喜欢羊，这从造字中就能看出来。比如：美、善、義、祥等歌颂美好的汉字，都以"羊"作为其中的重要组成部分。

　　右上图中的雪山大角羊，那向外伸展的羊角格外醒目。古人也发现了羊外形的最基本特征，因此，最初的"羊"，主要就是画两只羊角，外加足尾。以下是"羊"这个字的演变过程。

篆书"羊"
（元·赵孟頫）

隶书"羊"
（元·赵孟頫）

楷书"羊"
（隋·智永）

　　先秦时期，人们对羊的个性有两个归纳：善良知礼；外柔内刚。羊"跪乳"的习性，被视为善良知礼，甚至被后世演绎为孝敬父母的典范；外柔内刚也被引申出许多神圣的秉性。传说始祖皋陶敬羊。《诗大序》中这样说：

汉字里的国学 ｜ 二四〇

> 在位皆节俭正直，德如羔羊。

羊最通俗或民间化的象征意义便是"吉祥"，至少从汉代开始，羊就与吉祥联系在一起，汉代瓦当、铜镜等铭刻中多见"大吉羊（祥）宜侯王"铭文，吉祥有时直接写成"吉羊"。

《诗经》中有云：

> 羔羊之皮，素丝五绋。

诗中赞美的是羔羊的纯洁，同时也希望人的道德如羔羊般纯正。

在《说文解字》中，"羊"的解释是：

> 祥也。

可以看出，羊在古人的眼中是吉祥的象征。

块范法示意图 　　四羊方尊

正因为羊有这般特殊的寓意，因此在古代，羊成为青铜重器着力表现的对象。要说最著名的，就要数青铜器当中的"四羊方尊"了。它以四羊、四龙相对的造型展示了酒礼器中的至尊气象。整个器物用块范法①浇铸，一气呵成，鬼斧神工，显示了高超的铸造水平，被史学界称为"臻于极致的青铜典范"，位列十大传世国宝之一。

---

① 块范法又称范铸法，是一种具有中国特色的铜器铸造工艺。

下面，我们再来看一个跟羊有密切关系的字。

"爱美之心，人皆有之"，古人也爱美，也知道从外表装饰自己，这是人类内心对"美"的需求。比如下图甲骨文中的"美"这个字，一个人头上有个羊角就是"美"，为什么呢？因为羊代表吉祥，所以人们认为安静平和的人最美。

甲骨文中的"美"

篆书"美"
（清·赵之谦）

隶书"美"
（汉·曹全碑）

楷书"美"
（唐·颜真卿）

随着人类社会的发展，对外貌的美与丑，每个朝代标准或有不同，但一定是当时大众所认可的。比如根据历史研究，唐朝是以丰肥秾丽为审美取向的。综观唐代留存下来的美女雕像和图画，虽然工艺有别，但其中的女性大多面如满月、腰肢浑圆。但说来说去，其实自然的就是美的，正如李白说的：

◀ **清水出芙蓉，天然去雕饰。** ▶

而这里更要强调的是，真正美的人，是一种气质的流露。就是在自然的举手投足间，衣着打扮、言语声调给他人带来一种美的享受或好感。而这种气质是怎么形成的呢？来自内心的塑造。因此认识一个人不能只看他长什么样还要关注他内在的东西，看他到底怎么想的，怎么做的。

在冯梦龙的《醒世恒言》中有这样一句话：

◀ **世人眼孔浅的多，只有皮相，没有骨相。** ▶

其中"骨相"二字指的是头盖骨的形状。这句话是说华丽的表象终究不能代表本质。真正自然的东西为什么说是美的，是因为外表与内心统一。

容貌美是一时的美，内心美才是永恒的美。来看一下孔子弟子评价孔子的那句话：

> 望之俨然，即之也温。

这种魅力来自丰富内敛，温情善良，是由内而外散发的一种高贵。我们要成为这样的人。而当我们成为这样的人时，相信运气也不会太差。

描一描

美

背一背

野有蔓草，零露洁兮。有美一人，清扬婉兮，邂逅相遇，适我愿兮。——《诗经》
有女同行，颜如舜英，将翱将翔，佩玉将将。彼美孟姜，德音不忘。——《诗经》

做一做

我们走到哪里都要做一个心灵美的人，所谓心灵美，就是语言美，行为美。

善

——积福的宝贝

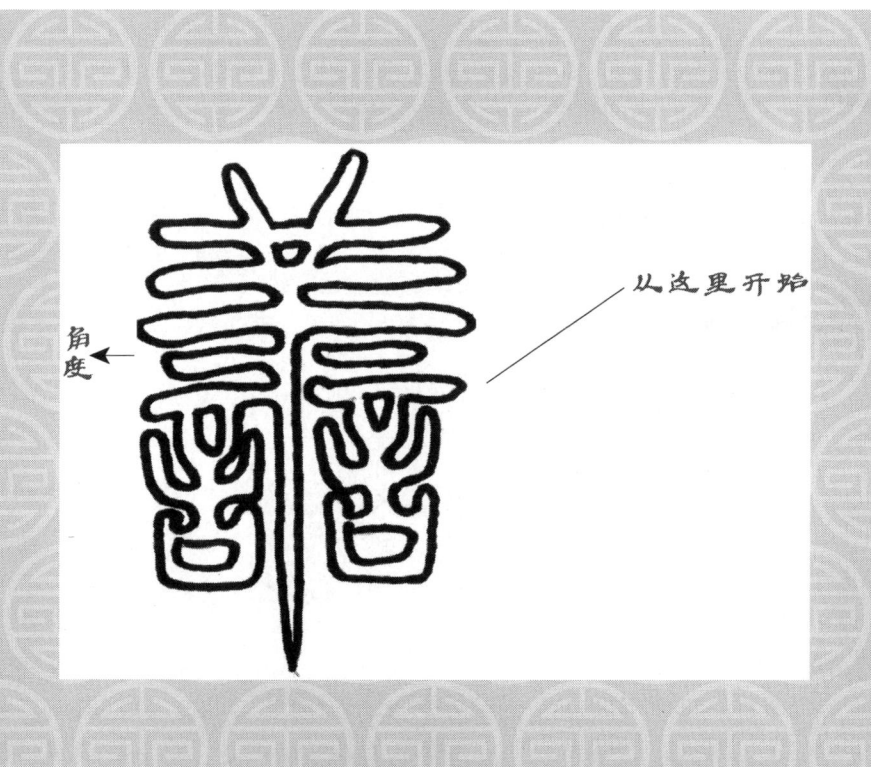

板书陪伴阅读

角度 ← 　　→ 从这里开始

篆书"善"（周·旅伯鼎）

明代方孝孺①曾说：

> 交善人者道德成，存善心者家里宁，为善事者子孙兴。

意思就是说交良友有利于培养自己的好品德，心存善良能使家庭和睦安宁，做好事会使子孙兴旺。可见拥有善良的品德是多么的重要。

先来看上图的这个字。我们会非常明显地看到"羊"这个部件。下面的两个部件是什么呢？是两个"言"字。

先分析"言"这个字，言最下面部分是舌头。这个舌头伸出来，是分叉的。谁的舌头会分叉呢？对，"蛇"的舌头会分叉。蛇吐出来的舌头叫信子。"信"是一个人加一个言。舌头上面有两个横是什么？就是说的话，而这个话，叫做直言。何为直言，不是指直爽的话，而是指正直的言论。

回到刚才我们看的这个字，两边都是"言"，中间一个"羊"。这就是"善"。什么才是善，古人要求自己说出

---

① 明朝大臣、学者、文学家、思想家。因拒绝为发动"靖难之役"的燕王朱棣草拟即位诏书，被朱棣杀害。南明福王时追谥"文正"。

来的话要是正直的。这就是善。

篆书"言"（清·吴昌硕） 　　　篆书"舌"（清·吴让之）

篆书"善"（清·吴让之） 　　隶书"善"（汉·张迁碑） 　　楷书"善"（唐·柳公权）

人和人交往的时候，总是要沟通的，所以孔门四科中言语作为第二大重要的学习内容。但现在我们不太重视言语的培训，有时说话不动脑筋，不为他人着想，出口就伤人。这样是不善良的。

我们来看"善"这个字的篆书写法，羊在最中间，羊最大的特点是羊角内弯，所以它们打架时不会杀死对方。此外，羊温顺，这也让羊成为古人较早驯化的家畜之一。羊虽然弱小，但是获得了人类的庇护，也照样能够在激烈残酷的物种竞争中顺利繁殖。所以，羊是合作的象征。

那为什么是两个言而不是一个"言"呢？在这里我们后人推论，古人造字的时候，希望两个人说话要像羊一样，不会吵架，这样才会共同做一件事。

那么说话动听就是善吗？不尽然。我们来看《论语》里这句话：

> 巧言令色鲜矣仁。

就是善于辞令，脸色装得很和善，这样的人，仁厚的品德是很少的。与人相处，要厚道，巧言令色的人，人们很难与之共事。

再看《诗经》里这句话：

> 巧言如簧，颜之厚矣。

说起花言巧语来像吹奏笙簧一样动听，脸皮真厚啊！

这种人内心是善的吗？不是。

再来看出自《周易》的这句话：

> 积善之家，必有余庆。积不善之家，必有余殃。

积善的人家，必然有多的吉庆，作恶的人家，必多祸殃。在历史当中，有太多的家族给了我们证明：孔子的后代、范仲淹的后代、林则徐的后代、曾国藩的后代，这些圣哲的家道传承几百年甚至上千年不衰。可是假如不积善，不可能传承这么久。

《朱子治家格言》上说：

> 子孙虽愚，经书不可不读。

积善之家最可贵的是把德行风范传给子孙，这才是真正对子孙最大的善。有人会问，有的人心地善良，做了很多善事，为什么家里还有很多不幸呢？为什么有的人总做恶事，却没看到他们受到什么惩罚呢？

好，讲个故事给大家听。宋国有家人喜欢做好事，祖孙三代都不懈怠。家中不知道什么缘故黑牛生了白犊，便去问孔子。孔子说："这是吉祥的征兆，用它去祭鬼神。"过了一年，这家父亲的眼睛无缘无故地瞎了。之后，黑牛又生了一头白犊。父亲又让儿子去问孔子。儿子说："先前听孔子说是吉祥的征兆，但你的眼睛却失明了，如今又去问他，有什么意义呢？"父亲说："圣人的话，往往开始与现实不符，但过后却很吻合。事情还没到最后，你再去问问他。"于是，儿子又去问孔子。孔子仍然说："这是吉祥的征兆，用它去祭鬼神。"儿子回家向父亲传达了先生之言。父亲说："一定会如先生所言的。"过了一年，儿子的眼睛又无缘无故地瞎了。那之后楚国攻打宋国，包围了宋城。宋国所有的成年男子都战死了，连老人、病人、小孩子都上了城墙，坚守着城池使楚军无法攻破。楚王非常生气。当最终宋城被攻破后，所有守城的人都被楚王屠杀了。那对父子因为双眼失明的缘故，可以不登城守卫，等楚军退去，城的包围解除了，父子二人的眼睛一起恢复了视力。这个故事出自《淮南子》。

明代有一部书，叫《了凡四训》，是明朝袁了凡先生所写的家训。他以亲身经历教诫儿子袁天启，要认识命运的真相，明辨善恶的标准，改过迁善，改变命运。在这部书中，了凡先生谈到"善"分很多种。

比如他说善是分真假的。什么意思？就是有的善，你看上去以为是恶，其实不是。做一件事的动机才是根本，动机是利他人，那是善；动机是为自己谋好处，这是恶。

例如，一个小孩子，做了不好的事情，屡教不改，那么爸爸妈妈就要进行适当的惩罚了。这是为了教育他不再犯，是真善。而有的父母为了让孩子服从自己的旨意，没有从帮助孩子成长的角度出发，只是为了宣泄自己的怒气，动不动就暴跳如雷，对孩子非打即骂，这不是善。

又比如善是分端曲的。什么意思？人们见到谨慎、唯命是从、恭顺的人，往往会觉得这个人脾气很好，很有修养，就把他当善人看。错了。有句话说得好：

圣人则宁取狂狷。

圣人觉得什么样的人才好呢？有志气，积极进取，该做的事情哪怕身边人都反对，误解他，他还是义无反顾地去做，在大是大非面前有勇气担当。这样的狂狷之士才是真善。

包拯，北宋的名臣。为人廉洁公正、不附权贵、铁面无私，且英明决断，敢于替百姓打抱不平。

当时，端州特产端砚是宋朝士大夫珍爱的雅器，当地每年都向朝廷进贡。凡在端州做"一把手"的官员，都在"贡砚"规定的数量外加征一些以贿赂朝廷

包拯

权贵，此举大大加重了老百姓的负担。包拯一上任就高调破除这项运行多

年的潜规则，下令只能按规定数量生产端砚，州县官员一律不准私自加码，违者重罚。并且表态，自己作为"一把手"，决不要一块端砚。此举在当地掀起轩然大波。三年后，包拯任期满，被调至中央任职，果然"岁满不持一砚归"。

相反有些人为了保住乌纱帽，或者为了保全自己，面对别人不好的作为时还说好，这就不对了。所以端与曲的区别只在一念间。

但愿我们能每日行一善，福荫万世。

描一描

背一背

善不积不足以成名，恶不积不足以灭身。——《周易》
善恶不可以同道。——柳宗元

做一做

一个人一生总在行善，他的品德就是美好的，他自然就是"义"的代表，每一个人都应该从一点一滴做起。先从家务事开始做起，为父母分担一些劳动吧！

想一想

小张家境贫寒，不幸的是老母染上了重病，需要很多钱治疗。可家里一时凑不到这么多钱，于是小张便铤而走险对陌生人实施了抢劫，结果被抓。你对这件事怎么看？

爱

——有心的印记

板书依伴阅读

爱在♡里

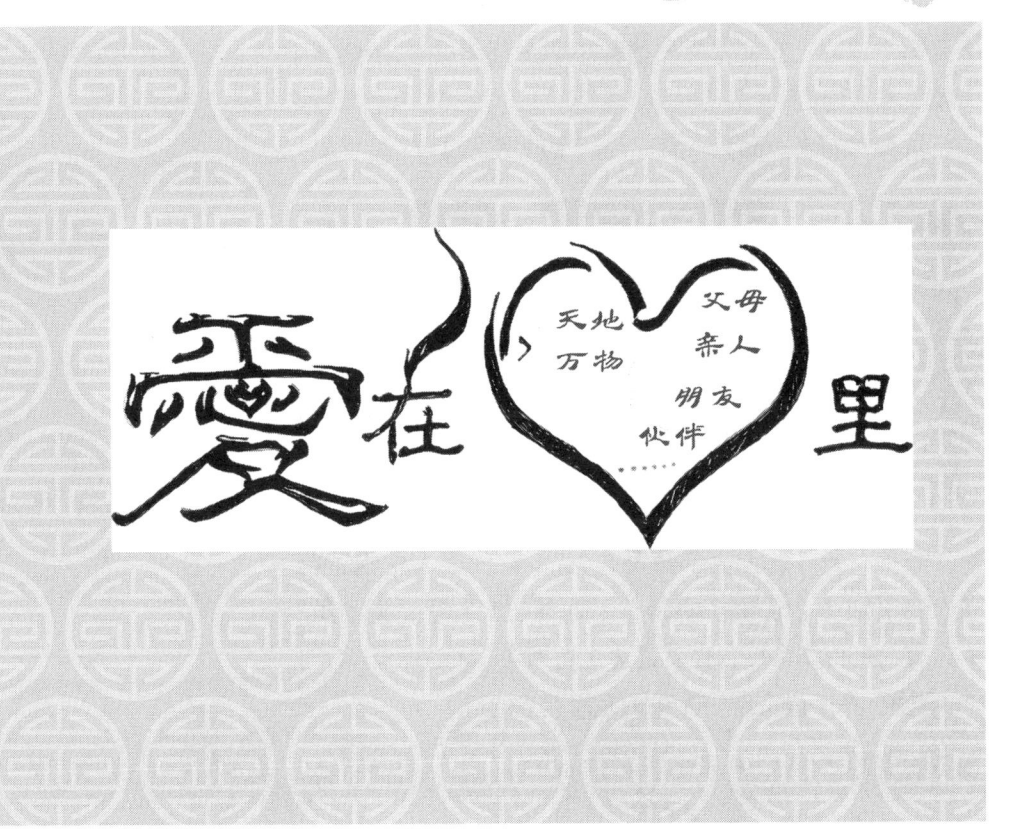

（天地万物、父母亲人、朋友伙伴……）

上海浦东国际机场曾经有这样一个公益广告牌，下面有一行小字：字可以简化，爱岂能无心！爱这个字，为什么要写个"心"在那里呢？估计小朋友都能够说出来：因为爱要发自内心。

现在我们来一起看一看"爱"字的演变过程：

篆书"爱"　　　　　隶书"爱"　　　　　楷书"爱"
（元·赵孟頫）　　　（汉·张迁碑）　　　（唐·颜真卿）

篆书"爱"的上半部分是"旡"，它代表人吃饱了打嗝，底下加个心代表舍不得；下面的"夊"字，同"虽"声，表示走得非常慢，也就是边走边回头，心恋恋不舍。

"爱"在《说文解字》中的意思是：

◆ 行貌。◆

汉字里的国学　｜　二五二

我们谈到爱，先想到人，其实古人的心量早就涵盖了爱天下万物。比如《庄子》中有这样一段话：

> 泛爱万物，天地一体也。

要爱天地万物，因为自然中的一切是一体的。所谓"一体"，就是不分彼此。你对山河大地也要好，对花草树木也要好。当你爱着它们的时候你就不自私自利了。当心里有了天下，天下就与你一体。怀着这样的心，你就彻底得到了人生的幸福。这种幸福是持久的。

《孟子》中有这样一句话：

> 亲亲而仁民，仁民而爱物。

爱亲人而仁爱百姓，仁爱百姓而爱惜万物。我们今天也说"让世界充满爱"。世界怎么充满爱？只是人与人之间的爱吗？孟子这里做出了分析，对于物也要爱惜，要"取之有时，用之有节"。这种思想，类似于我们今天所说的环境保护，珍惜自然资源。

清代龚自珍[①]在《己亥杂诗》中这样说：

龚自珍

> 落红不是无情物，化作春泥更护花。

花落之后，能化作春泥来维护花树的再次成长。这是一种大爱。

除了爱植物，对待动物也应该充满爱。不应只把它们看作人类的玩物，应该充满慈悲心来尊重每一个生命。

老子在《道德经》中这样说：

> 人法地，地法天，天法道，道法自然。

---

① 清代思想家、诗人、文学家和改良主义的先驱者。

人依据大地而生活劳作，繁衍生息；大地依据上天而寒暑交替，化育万物；上天依据大"道"而运行变化，排列时序；大"道"则依据自然之性，顺其自然而成其所以然。这是不变的真理。

　　再说到"爱人"。第一是爱父母。在《孝经》中有这样的话：

> 爱亲者，不敢恶于人。敬亲者，不敢慢于人。

　　一个懂得热爱自己父母的人，就不敢厌恶别人的父母；一个懂得敬奉自己父母的人，就丝毫不敢怠慢别人的父母。"孝"在中华文化中是道德的根本，是维系中华民族团结的关键因素。对父母的爱一直就是人的本性，这样美好的品德发散开来，自然会对周围的人也充满真诚的爱。

　　第二是手足之爱。在家庭当中，如何体现兄弟姐妹之间的爱呢？怎样看待弟弟妹妹，怎样看待哥哥姐姐，在五伦关系中叫作"长幼有序"。用一个字来代表就是"悌"，"悌"在《说文解字》中的意思就是：

> 善兄弟也。

　　与兄弟相处要和谐，善待兄弟。兄弟之间的关系跟父母关系不太一样，为什么？因为兄弟乃一奶同胞，平辈相处过程中，难免会发生一些小矛盾。尤其是面对好玩的、好吃的，如何分配等都会成为问题。那既然五伦关系中"长幼有序"，所以古时候的小孩子就懂得这个规矩，懂得谦让。

　　古人教育有方，最著名的就是孔融让梨的故事。孔融小时候聪明好学，4岁时就已经很懂得礼节，有一天父亲的朋友带了一盘梨子，给孔融兄弟们吃。父亲叫孔融分梨，孔融挑了个最小的梨子，其余按照长幼顺序分给兄弟。孔融说："我年纪小，应该吃小的梨，大梨该给哥哥们。"父亲听后十分惊喜，又问："那弟弟也比你小啊？"孔融说："因为弟弟比我小，所以我也应该让着他。"小孔融因此成了许多父母教育子女的榜样。

　　这个故事传下来这么多年，《三字经》里这样说：

> 融四岁，能让梨，弟于长，宜先知。

中华传统文化中，谦虚礼让是美德。而这种美德，现如今也受到了一定程度的冲击，有些人认为这个时代是竞争的时代，哥哥弟弟都是平等的，没什么长幼之分，谁抢到大的谁拿大的。用这样的思想教育出的孩子，不知今后到了社会如何与人交往。想必不会很容易感受到幸福和温暖。

如果用从不谦让、竞争才是硬道理来教育子女，那么兄弟为了利益反目成仇，打成一团，甚至形同陌路，就是家庭的悲剧了。现在这样的例子不少，一家人闹上法庭的例子也很多。调解员来家里调解也不行，尤其是为了争财产，兄弟之间针锋相对，完全把伦理亲情和谦让的美德抛之脑后，上演了一幕幕的家庭悲剧。"兄弟睦，孝在中。"父母怎么也不愿意看到自己的子女为了利益而打在一起吧！

左丘明曾经说：

> 兄弟虽有小忿，不废懿亲。

兄弟有点小矛盾，但也是至亲的人。不能废掉断绝啊。

古人兄弟情深的例子有很多，举个例子，苏轼的弟弟叫苏辙，也是北宋年间的文学家、政治家，"唐宋八大家"之一，兄弟感情甚笃。苏轼在密州的时候，六七年没有看到自己的弟弟了，时至中秋望月思弟，生出无穷悲欢之感，于是，脍炙人口的千古名作《水调歌头》就这样诞生了。尤其是最后几句，思想深刻而境界高远，充满哲理，是苏轼词中的典范之作。兄唱弟随，第二年，苏辙也写了一首《水调歌头·徐州中秋》与哥哥相和。由此我们不难想象，兄弟二人之间的感情是非常深厚的。

谈完兄弟之爱，下面我们来说一说友爱。《孟子》说：

孔融
东汉末年文学家，"建安七子"之一，家学渊源，为孔子的二十世孙、太山都尉孔宙之子。

苏辙
北宋文学家、政治家，"唐宋八大家"之一。

> 爱人者，人恒爱之；敬人者，人恒敬之。

爱别人的人，别人也永远爱他；尊敬别人的人，别人也永远尊敬他。

巴基斯坦可以说是对中国最友好的国家之一。几十年前，巴基斯坦在非常困难的情况之下，中国伸出了援手。滴水之恩，必当涌泉相报！2008年汶川地震，消息传到了巴基斯坦，为了多帮我们运输一些物资，他们把飞机的座椅全部拆除，工作人员全部坐在机舱地面上。中国领导人问："你们医疗队来了，要什么待遇？"他们的总统只有一句话："有一口青菜汤喝就够，我们带了饼干。"巴基斯坦支援我们的帐篷数目达2万多顶，他们的外长称因为那些是他们全国所有的战略储备，所以不用点就知道数量了。在回收后对部分磨损的帐篷也拒绝了中方给予的补偿。

再来看一个例子，上面右侧这张照片特别著名。这是在抗日战争时期，国际主义战士白求恩大夫在战地医院做手术的情景。白求恩，加拿大共产党员，国际主义战士，著名胸外科医师。1938年来到中国参与抗日，工作起来舍生忘死，很多次因为伤员急需输血而主动献血。战斗很残酷，他却主动要求手术台离前线近些、再近些，以便伤员能够很快得到救治。

因为一次手术，白求恩大夫手指感染，他完全可以在感染的第一时间去消毒并放弃站在手术台上，但他没有这样做，为了给伤员争取时间，他来不及对自己的感染采取措施，以至于后来得了败血症，最后在中国去世。为了挽救别人的生命而牺牲了自己的生命，他是一个大写的人，为别人，为国家，为世界。这就是博爱！

韩愈曾经说：

> 博爱之谓仁，行而宜之谓义。

中国儒家的精神核心就是"仁义"。

我们一生其实就处在爱与被爱的环境中。一个是接受，一个是付出。小时候，大多是接受别人给我们的爱，但我们已经长大了，该懂得付出了，因为付出才会得到。只要付出那么一点点，对需要帮助的人来说，就是浓浓的情义。这就是爱的力量。

可见爱是不能无心的，只有发自内心对人、对万事万物的关爱之情，才能够涵养自己宽厚美好的德性，这就是做人的原则。

描一描

背一背

爱亲者，不敢恶于人。敬亲者，不敢慢于人。——《孝经》

爱人者，人恒爱之；敬人者，人恒敬之。——《孟子》

做一做

1. 从冰箱里拿出一个生鸡蛋,你每天都带着它,一定要保证它不会出现裂纹,更不要摔碎。看看你能坚持几天?

2. 有意识地关爱身边的人,从关爱爸爸妈妈开始做起。

耻

——另一种勇气

板书依伴阅读

听人教诲
面红耳赤
动心知错
停止犯错
永不再犯

修身

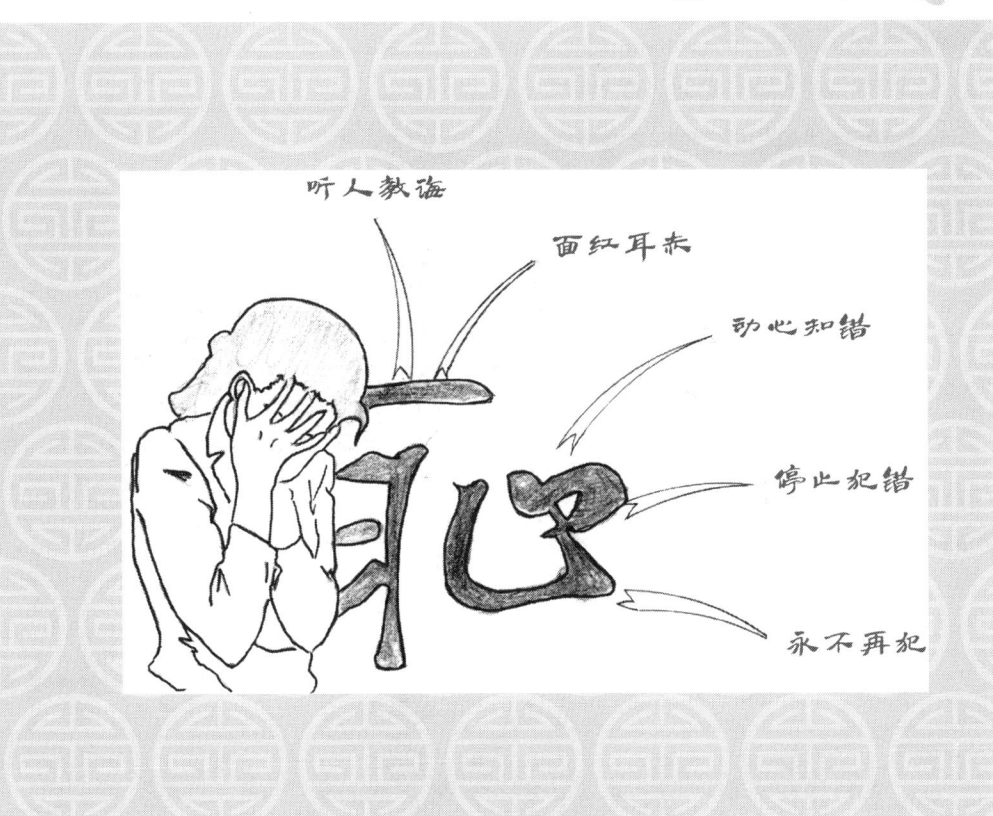

篆书"耻"（清·邓石如）

都说如果一个人不再知道羞耻了，那么什么样的恶事都会做得出来。因此可以这样说，一个人真的可怕是因为他不懂得羞耻。

以下是"耻"这个字的两种写法：

隶书"耻"（汉·尹宙碑）　　楷书"耻"（南北朝·郑道昭）

在这里，"耳"做声旁，而右侧的"心"代表形旁。后来右边变成了"止"。

《说文解字》中，"耻"的意思就是：

◀ 辱也。▶

如果心里觉得耻辱，内心蒙羞，就会反省自己的错

汉字里的国学 | 二六〇

误。想到自己的错误，觉得无地自容，这件事停下来就对了。之所以用"耳"作偏旁，原因就是当人觉得羞耻的时候，会面红耳赤，耳朵会发红。

古人曾说：

> 辱，莫大于不知耻。

最大的侮辱莫过于不知羞耻。我们可以细心想一想，的确是这个道理。从《弟子规》这样童蒙养正的书中我们就能找到这样的话：

> 身有伤，贻亲忧。德有伤，贻亲羞。

当孩子道德品质出现了问题，最蒙羞的就是父母。所以古人教育后代要孝敬父母，孩子外出做事要懂得分寸，不可做父母不愿意看到的事情。

《中庸》里说：

> 知耻近乎勇。

这句话好似在说浪子回头金不换。一个人如果知道羞耻，就已经接近真正的勇敢。古往今来，无论个人还是群体，知耻与不知耻的情形大不一样。纵览历代圣人先哲，哪一位不是知耻惜荣的人杰？从孔子"大道之行也，天下为公"到孟子"仰不愧于天，俯不怍于人"；从庄子"视死若生者，烈士之勇也"到屈原"闭心自慎，终不失过兮"；从司马迁"君子盛德，容貌若愚"到诸葛亮"鞠躬尽瘁，死而后已"；从范仲淹"先天下之忧而忧，后天下之乐而乐"到欧阳修"富贵不染其心，利害不移其守"……无一不是心系社稷的嘉德懿行。反之，那些寡廉鲜耻之人，如暴虐无道的夏桀商纣，陷害忠良的秦桧，口蜜腹剑的李林甫，贪赃枉法的和珅，哪个不是遗臭万年？

孟子曾说：

> 羞恶之心，人皆有之。

人人都有羞耻之心，只是被自私自利的习气掩盖住了。这里跟大家分享一则小故事。

明代著名的思想家、文学家、哲学家和军事家王阳明①在庐陵担任县令时，抓到了一个罪恶滔天的大盗。这个大盗冥顽不灵，面对各种讯问拒不认罪。王阳明亲自审问他，他说："要杀要剐随便，就别废话了！"王阳明于是说："那好，今天就不审了。不过，天气太热，你还是把外衣脱了，我们随便聊聊。"大盗说："脱就脱！"

过了一会，王阳明又说："天气实在是热，不如把内衣也脱了吧！"大盗仍然是不以为然的样子："光着膀子也是经常的事，没什么大不了的。"

又过了一会，王阳明又说："膀子都光了，不如把内裤也脱了，一丝不挂岂不更自在？"

大盗这回一点都不"豪爽"了，慌忙摆手说："不方便，不方便！"王阳明说："有何不方便？你死都不怕，还在乎一条内裤吗？看来你还是有廉耻之心的，是有良知的，你并非一无是处呀！"

大盗听了之后，惭愧之极，说："从未有人说过我有良知，今日先生说我是有的，以后我绝不再做这样的勾当。"

王阳明听到此话，感叹道：

> 愚不肖者，虽其蔽昧之极，良知又未尝不存也。苟能致之，即与圣人无异矣。

可见，做人要有自己的底线，没有人天生就是不知羞耻的。知耻才能够让自己升起改过之心。如果能够找到自己的良知，那与圣人没什么两样啊！

古语有云：

> 知人者智，自知者明。

---

① 王阳明，明代著名的思想家、文学家、军事家，陆王心学之集大成者，精通儒家、道家、佛家。谥文成，故后人又称其为王文成公。

描一描

耻

背一背

志士仁人，无求生以害仁，有杀身以成仁。——《论语》

先义而后利者荣，先利而后义者辱。——《荀子》

想一想

古人为什么说知道羞耻并改过是一种勇敢的表现？

做一做

想想最近有没有做错事，鼓起勇气向爸爸妈妈或师长承认错误并保证以后不再做。勇敢点！他们一定会原谅你的！

亲

——心与心相见

板书伴阅读

情义到
恳至

"亲"这个字繁体是这样的——親，而简化字把"見"删掉了。这恰好反映了现在许多老人看不到子女，许多子女不能在老人身边尽孝的情形。

篆书"亲"
（元·赵孟頫）

隶书"亲"
（汉·张迁碑）

楷书"亲"
（隋·智永）

"親"这个字在《说文解字》中的意思是：

至也。

段玉裁在《说文解字注》中引申为：

情意恳到曰至。

在古代，"亲"代表双亲父母。如果想尽孝，必须要见面才能够付诸行动，而且内心是非常恳切的。

"親"这个字，让我们又联想到了"鄉"这个字，它被简化成"乡"，等于乡中无郎，青壮年的劳动力都走出了家乡到别的地方挣钱，结果留下的必定是老人和孩子，这不正是现在社会的写照吗？乡中有郎，儿子在父母面前尽孝，全家人在一起其乐融融，这是古时的人所享受的天伦之乐，作为现代人，实在有些感慨。

《论语》中提到：

> 父母在，不远游，游必有方。

当父母还健在的时候，不能够去很远的地方，就算出游也要想到在你不在父母身边的时候，赡养父母的方法，去也要有个方向，让父母知道你的所在。这就是古人的教育，教育让孩子要把父母放在心上，不可一去了之，不负责任。

春秋时，孔子带着徒弟外游，忽然听到道旁有哭声，于是停下来上前询问原因，哭的人说："我少时好学，曾游学各国，回来的时候双亲已去世了。作为人子，应侍奉父母时我却不在他们身边；今天我想要供养父母时双亲却已经不在了。父母恩情永生难忘，所以感到悲痛而伤心地哭。"

所以《韩诗外传》中这样说：

> 树欲静而风不止，子欲养而亲不待。

当你想到回家赡养老人、侍奉双亲的时候，双亲也许不在了，因此孝敬老人的事情万不可等待，要从现在做起，千万不要抱着侥幸心理，万一父母离开人世，那时候一切就都晚了，无法挽回。我们为什么总做让自己后悔的事情呢？

因此，"親"这个字，很是贴近人心。它所表达的含义最为贴近的就是孝敬父母。我们也从这个有温度的繁体字中看到了古人那颗赤诚的心。

描一描

查一查

现在社会空巢老人很多,原因是什么?

背一背

老吾老,以及人之老;幼吾幼,以及人之幼。——《孟子》

做一做

如果你已经很久没有给家里打电话或者问候爸爸妈妈了,现在就开始行动。

孝

——德之本也

板书依伴阅读

孝养 — 父母之慧
　　　父母之志
　　　父母之心
　　　父母之身

篆书"孝"（秦·李斯）

  一个人生活在社会环境之中，要面对五伦关系，这五伦关系分别是：父子、君臣、夫妇、长幼和朋友。如果能处理好这五种人伦关系，你的人生往往就会幸福。《孟子》有云：

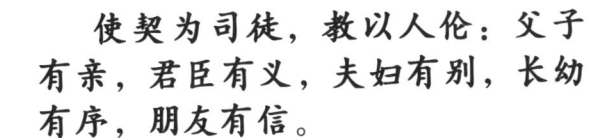

> **使契为司徒，教以人伦：父子有亲，君臣有义，夫妇有别，长幼有序，朋友有信。**

  人伦中的双方都是要遵守一定"规矩"的。为父的，要慈祥，为子的，要孝顺；为君的，要对臣子以礼相待，为臣的，要忠于职守；为夫的，要主外，为妇的，要主内；为兄的，要照顾兄弟，为弟的，要敬重兄长；为友的，要讲信义。

  在这五伦关系当中，第一个提到的就是父子有亲。父母爱自己的子女是天性，而子女对父母的孝敬大多来自后天的教育。如果子女知道尽孝的话，人生美好的品德便扎下根来。

  《孝经》中有这样一句话：

◀ **夫孝，德之本也，教之所由生。** ▶

孝，是德行的根本，所有品行的教化都是由孝派生出来的。

我们的祖先早就意识到了这一点，从很早就开始了"孝道"教育。让我们来看一看古人对"孝"的解读。

左图是周代冬戈簋①上的"孝"字（大篆），它是上下结构，上面是一个"老"字的省略写法，下面是一个"子"。这个字就好像在说：孩子要背负起"善事父母"的责任。

篆书"孝"
（周·冬戈簋）

到了后来，从小篆到隶书，再到楷书，"孝"这个字的构字元素都没有变化。

篆书"孝"（秦·李斯） 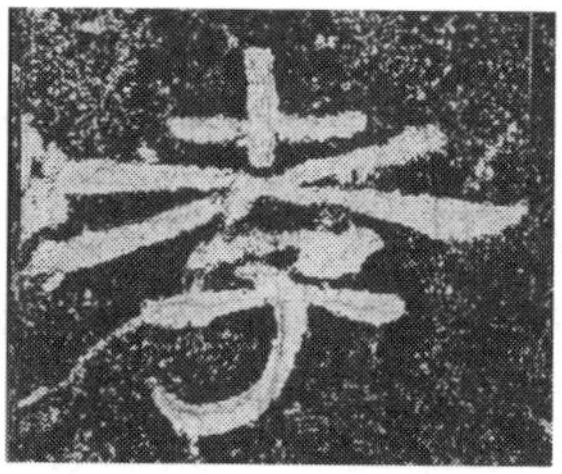　　隶书"孝"（汉·乙瑛碑） 　　楷书"孝"（唐·柳公权）

父母给予孩子生命，并且细心呵护教育他成人。父母疼爱子女，最明显的表现就是一定要让自己的孩子接受最好的教育，使之成为优秀的人，父母这种恩情是无边无际的。当孩子被父母培养成人了，让父母能够幸福生活就成了子女尽孝道的终极目标。正因为有了这样的目标，每一个人才把"家"的概念放在了心里。子女在做各种人生选择的时候，都会想到自己的父母，考虑到父母的感受，无形之中形成了一种道德的力量来约束自己。正因为如此，一个家庭就稳固了。懂得孝敬父母的孩子不会轻视自己的生命，不会在外为非作歹。每一个家庭都平安幸福，社会就会少出很多乱子。可见"孝"对一个家庭、一个单位、一个社会、一个国家是多么重要。

明白了为什么要孝敬父母，我们再来看看怎样做才算尽孝。《论语》里有这样一段对话发人深省。

---

① 簋，中国古代用于盛放煮熟饭食的器皿，也用作礼器，圆口，双耳。流行于商朝至东周，是中国青铜器时代标志性青铜器具之一。

汉字里的国学 ｜ 二七〇

> 子游①问孝，子曰："今之孝者，是谓能养，至于犬马，皆能有养。不敬，何以别乎？"

子游问怎样算是尽孝。孔子说："现在的人认为孝是能养活父母。狗、马等畜生也能被养活，假如对父母不敬的话，奉养父母跟养狗养马有什么区别呢？"

很显然，孔子强调养父母之身只是尽孝的最低层次。孝养父母的时候，做到"敬"更重要。真正的"敬"来自对父母的尊重，关注父母的需求，尤其是精神上的需要更为重要。人近迟暮，往往都有孤独寂寥之感，此时此刻，能够体谅父母的心，能够在父母最需要自己的时候陪在身边，这叫养父母之心。那"敬"又怎样在生活细节之中体现出来呢？

《弟子规》写出了如何"敬"父母：

> 父母呼，应勿缓；父母命，行勿懒；父母教，须敬听；父母责，须顺承。

不仅如此，《弟子规》中整个"孝"这部分，教导我们侍奉长辈要落实到生活的每一个细节之中，包括要知道保护自己的身体，不让父母担忧；要培养美好的品德，不让父母蒙羞；父母如果有了过错，作为子女要知道如何规劝父母改过；在长辈生病的时候要在床前侍奉等。所以"孝"这个字在《说文解字》中是这样解释的：

> 孝：善事父母者。

也就是要好好侍奉自己的父母。至于怎样做到"善事"，就是每一个子女要认真思考的问题了。

都说很多事情是可以等待的，但在这个世界上，唯独侍奉双亲不能等待。因为：

---

① 姓言，名偃，字子游，春秋末吴国人，与子夏、子张齐名，孔子的著名弟子，"孔门十哲"之一。曾为武城宰（县令）。

◀ 子欲养而亲不待。▶

当子女想要在父母面前尽孝的时候，双亲已经故去。这是人生中多么遗憾的事情啊。

如果父母已经过世又该如何去做呢？

在古代，朝廷非常重视孝道的实施，《孝经》被多位皇帝做了注解。御注孝经的行为，就等于在告诉世人孝道的重要性。

古时候，父母如果去世了，子女要守孝三年，确切地说是 27 个月，因为儒家认为母亲用母乳哺育孩子要 27 个月，当父母过世，就要用 27 个月来报答父母之恩。如果是在朝廷为官的人，他任职期间，若父母去世，则无论此人任何职，从得知丧事的那一天起，必须辞官回到祖籍，为父母守制 27 个月，这叫丁忧。但如果当时国家遇到了重大事件需要这个官员处理而无法让他守孝，要皇帝御批，准许他暂时不履行丁忧守制，这种情况称作"夺情"。"夺情"二字真是恰当，连国家都觉得不到万不得已，绝不能让做儿子的不守孝制。可见古代社会对于"孝道"的重视程度。国家重视孝，臣民自然也重视孝，这样孝道文化便传承下来。从这个角度我们可以看出，当时国家培养人才，是很看重这个人是不是孝敬父母的。因为一个连父母都不孝敬的人，又怎么会对国家忠诚呢？

当时如果一个家庭出现了不孝的子孙，是一件非常丢人的事情，会被乡党邻里唾骂和看不起。话说在咸丰年间，临晋县出了一起骇人听闻的忤逆案件，一个儿子把自己的父亲杀了。儿子最后得到了应有的惩罚，但因为这是一起罕有的逆案，当时朝廷挖去了临晋城墙一个角。这就等于在说，这样的事情出现在这里是整个县城的耻辱。

落实孝道还有极其深刻的意义在其中。它不仅团结了一个家庭，而且还长养了子孙美好的品德。《孟子》中有这样一句话：

◀ 老吾老以及人之老。▶

这句话是说在赡养孝敬自己的长辈时，不应忘记其他与自己没有亲缘关系的老人。一个在家孝敬父母的孩子，在外就不会不尊重陌生的老人。这与《礼记》中对大同之世的理解是一脉相承的。

> 故人不独亲其亲，不独子其子，使老有所终，壮有所用，幼有所长，矜寡孤独废疾者皆有所养。

因为有了孝道，于是也就有了师道。不懂得孝敬父母的孩子，基本也不知道尊敬老师，不尊敬老师，那谁还会费心开启你的智慧呢？古时候，当一个父亲带着自己的孩子去私塾与老师见第一面的时候，往往是父亲先给老师叩拜，孩子在边上看到家长如此尊敬老师，便也模仿父亲拜见老师。因为看到父辈的所作所为，孩子知道面前的老师是要尊敬的，便能认真聆听老师教诲，而老师也才能尽心尽力教这个学生。如果遇到明理有智慧的先生，孩子会受益匪浅，最后变成国家的栋梁之材，为家里光耀门楣。此时此刻，长辈会因为子孙成为有用之才而倍感自豪，这就是养父母之志。正如《孝经》中所说的：

> 立身行道，扬名于后世，以显父母，孝之终也。

人在世上，遵循仁义道德，有所建树，显扬名声于后世，从而使父母显赫荣耀，这是孝的终极目标。

父母老了，容易患得患失。作为子女，一定要懂得开导父母。引导父母接受圣贤的思想，越来越清净，越来越自在。父母的晚年能如此的话，我们的孝道就做到圆满了。这就叫养父母之慧了。

描一描

背一背

身体发肤，受之父母，不敢毁伤，孝之始也。——《孝经》

想一想

小芳的生日到了，她却送给妈妈一件礼物，你知道这是为什么吗？

做一做

你知道爸爸妈妈最近的心愿是什么吗？赶快行动吧！

和

——心声相应

板书伴阅读

儒：仁义
释：慈悲
道：无为

应理
上天
合伦
下人

和生
以众

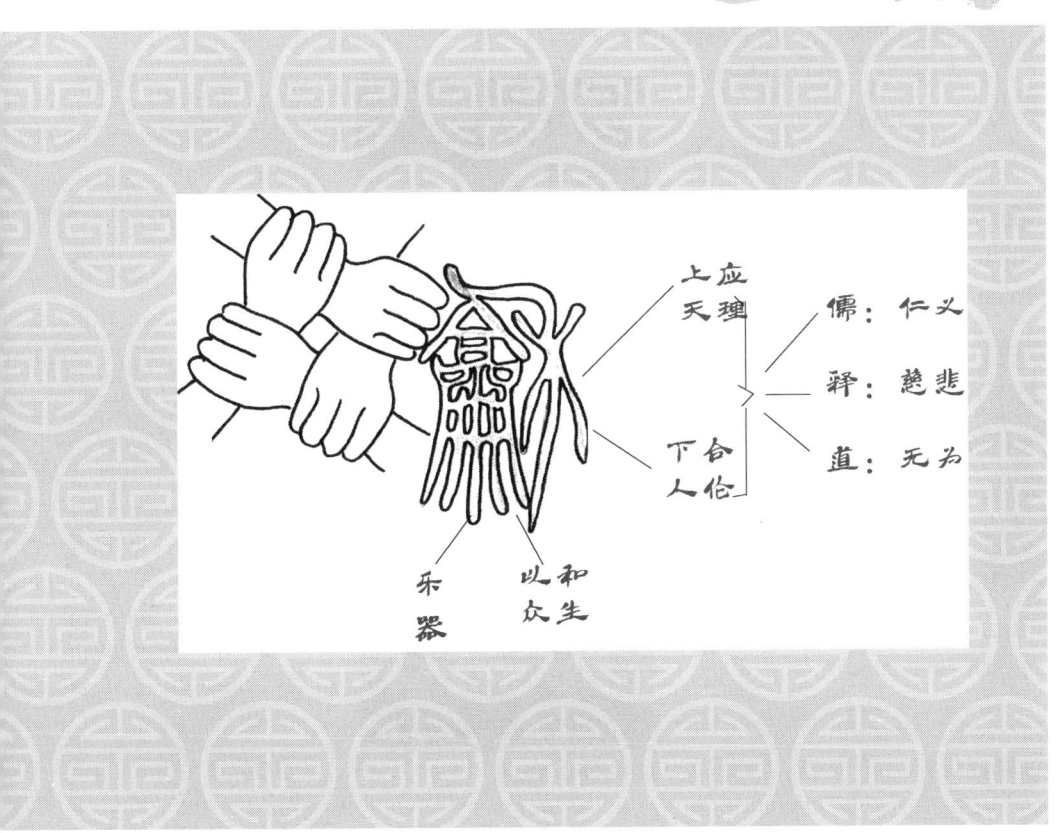

乐器

甲骨文中的"和"

现在要讲的这个字，我们先来看看甲骨文的写法，如上图。如果不事先告诉你这是什么字，你能猜出来吗？

而右图这个"和"跟现在的"和"是有区别的。它最关键的部位，是左侧这个字"龠"，这个字单独成立，读音同"月"。为什么我们现在所看到的"和"这个字一开始有"龠"这个部件？

我们先来看看"龠"的甲骨文。

这是竹管，竹管是空的，古龠发源于"吹火管"，至少在近万年前的新石器时代就已经发展成为一种多音孔乐器。

"龠"在《说文解字》中的意思就是：

隶书"和"（汉·乙瑛碑）

甲骨文中的"龠"

> 乐之竹管，三孔，以和众声也。

篆书"龠" 　　　隶书"龠" 　　　楷书"龠"（唐·颜真卿）

可见，"和"这个字一开始跟声音有关，能够和在一起的声音，必定是非常和谐的。

篆书"和"（元·赵孟頫） 　篆书"和"（清·杨沂孙） 　隶书"和"（汉·曹全碑） 　楷书"和"（唐·欧阳询）

上图中，第二个"和""口"字放在了"禾"的左侧，这是把"龠"的写法省略了。因此我们可以说"和"这个字，不是简化字，而是根据古体字得来的。

"和"在《说文解字》中的意思是：

> 相应也。

什么相应？就是互相呼应、应和的意思。"声声相应"，就好像山谷里回荡的回声一样。

在《战国策》中有这样的记载：

> **高渐离①击筑,荆轲②和而歌。**

高渐离是荆轲的好友。荆轲刺秦之前,高渐离为荆轲送行,当时,高渐离拿出了心爱的筑,最后一次为朋友荆轲击筑,荆轲和着节拍唱着易水寒之歌。这样的场面,就算是到了今天也令人动容,荆轲悲壮地与朋友们深情告别,给那个时刻涂上了浓厚的悲剧色彩。

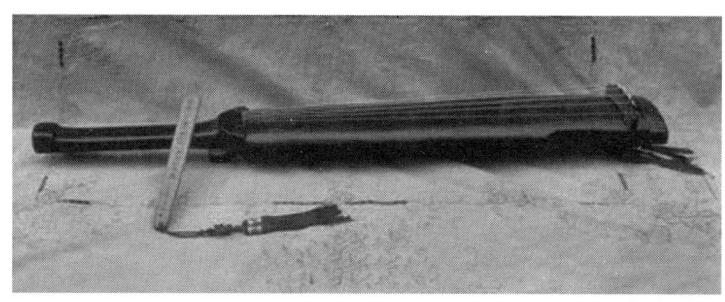

乐器"筑"

那么我们可以这样说,"和"这个字,不仅代表了"声音相应",更说明了"心声相应"的深刻含义。和,给人的感觉就是舒服,这种舒服源于自然。放眼宇宙,到处充满和谐,太阳与地球的距离那么合适,地球与月亮的关系那样紧密。地球本身,具备了适合人类生存的各种条件,诸多因素近乎神奇地和谐组合。

看自然本身,山河大地、草木鱼虫的存在,构成了一个让我们身心愉悦的环境。因此和的特质第一个就是上应天理。

把目光从外界转回自身。自身就是小宇宙,里面的内脏血液骨骼肌肉各司其职,这也属于自然范畴。现在从我们自身脱开,思考我们生活在一个什么样的环境中呢?与人相处的过程中,和谐怎么产生呢?这就要提到古人所说的五伦关系:

> **父子有亲,长幼有序,夫妇有别,君臣有义,朋友有信。**

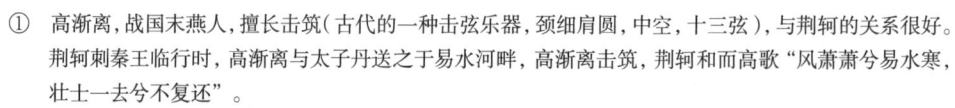

---

① 高渐离,战国末燕人,擅长击筑(古代的一种击弦乐器,颈细肩圆,中空,十三弦),与荆轲的关系很好。荆轲刺秦王临行时,高渐离与太子丹送之于易水河畔,高渐离击筑,荆轲和而高歌"风萧萧兮易水寒,壮士一去兮不复还"。

② 荆轲,战国时期著名刺客,是春秋时期齐国大夫庆封的后代。喜好读书击剑,为人慷慨侠义。公元前227年,荆轲前往秦国刺杀秦王。刺秦王不中,被秦王拔剑击成重伤后为秦侍卫所杀。

只要这五点做到，就是和谐社会。而做到这个的前提，就是要"心心相印"。父慈子孝，兄弟友爱，夫妻恩爱，上下级各守本分，朋友之间讲求诚信。其实这就是对儒家五常非常好的诠释。五伦关系谁也逃不掉，古人认为这几种伦理关系处理好了，天下就和谐了。我们没见过伦常全部颠倒，人与人之间为了私利斗争而产生了"和"的。因为这不符合人伦。

所以"和"的第二个特质就是下和人伦。

如今，有的人自私、不孝、贪婪、嫉妒……这些因素造成了周围环境的不和，而这个不和可能会带来死亡、侮辱、恐惧、怨恨、动乱、破坏……这又是不和。这样恶性循环，会造成什么后果可想而知。因此想要改变这样的状况，恢复和谐的景象，必须从根源入手，从教育入手。

中华传统文化，具有极大的包容性，这种包容性就是"和"。我们从未要求他人必须跟我们一样，因为"和"跟"同"是有根本区别的。"同"，意味着相同。而"和"中，却存在着不同。《论语》中这样记载：

> 君子和而不同，小人同而不和。

我们祖国幅员辽阔，有56个民族，每个民族都有自己的特点和民族风俗，正是因为我们做到了尊重彼此的民族风俗，才让我们的文化如此丰富多彩，56个民族和谐相处。这就是"和"中的不同所带来的多元化。

"和"在中国儒释道三种文化中有不同的定义。

儒家的仁义就是"和"；佛家的慈悲就是"和"；道家的无为就是"和"，贯穿万事万物的根本就是"和"。"和"是对中华文化的最好注脚。

描一描

查一查

当前战争频发，查一查战争爆发的原因归根结底是什么？

背一背

君子和而不同，小人同而不和。——《论语》

做一做

记录一下自己有多长时间能够保持心情舒畅，没有负面情绪。遇到不好的事情，看看自己用什么方式，用多长时间能够使负面情绪彻底消散。然后自己总结一下，怎么才能避免不良情绪的产生。

节

——不一样的过度

板书伴阅读

（气节）坚贞

（节日）突出

（节制）约束

修身

篆书"节"（清·吴让之）

在中国传统文化中，竹作为一种精神的象征，备受中国人的喜爱，与梅、兰、菊并称为"四君子"，与梅、松并称为"岁寒三友"。古今文人墨客，爱竹咏竹者众多。竹文化带有自身的特征，能充分地展示竹子与中国文化精神的契合性。

比如右上图这种竹子，它叫斑竹，还有一个更好听的名字——湘妃竹。

这就带出了一个非常动人的传说：相传尧舜时代，舜帝亲自去九嶷山惩治祸害百姓的恶龙。他的两个妃子——娥皇和女英，对舜依依不舍。但是，想到能给湘江的百姓解除灾难和痛苦，她们还是强忍着内心的离愁别绪欢欢喜喜地送舜上路了。但一年年过去，舜帝没有回来，两个妃子非常着急，于是就克服千难万险，跋山涉水去找舜帝。好不容易到了目的地，却看到一个巨大的坟冢。询问老乡才知道，舜帝因为极度劳累病死在了惩治恶龙的地方。娥皇和女英得知实情后，难过极了，二人抱头痛哭起来，一直哭了九天九夜，把眼睛哭肿了，嗓子哭哑了，眼泪流干了。最后，哭出血泪来，也死在了舜帝的旁边。娥皇和女英的眼泪，洒在了九嶷山的竹子上，竹竿上便呈现出点点泪斑，有紫色的，有雪白的，还有血红血红的，这便是"湘妃竹"。

一棵竹子，就能有这样美丽的传说，那今天我们要学习的这个字，跟竹子有关系，是竹身上不可或缺的部位——节。

关于"节"，我们能想到好多词语，比如节日、节气、节制、气节等。那为什么会用这个字来构成这么多不同含义的词语呢？

我们先来看看这个"节"字到底是什么意思。"节"这个字一开始是这样写的：竹字头下面一个即。

篆书"节"（清·吴让之）　　隶书"节"（汉·史晨前后碑）　　楷书"节"（晋·王羲之）

这是典型的形声字。竹字头表形，而"即"表声音。篆书的"节"下面的"即"，右侧是跪坐着的一个人，左侧是个装五谷的口袋，里面散发出五谷的香味，这就像一个人等待入席就餐一样。但是人入席吃饭，能无休无止地吃吗？不能，于是就要有些控制。这便是节制的意思。我们还发现，古代碑帖上的"节"字，有的竹字头变成了草字头，因为竹子属于人间草木，改成草字头也是合理的。

下面我们再来看一看《说文解字》中"节"的意思：

> 竹约也。

什么是约呢？段玉裁在《说文解字注》中这样说：

> 约，缠束也。竹节如缠束之状。

很显然，竹节的那个部位好似被丝线缠绕的样子。

而我们联想一下，竹节表达的深一层的含义就是"停下来"，有一种约束、突出的感觉。因此由"节"引申出来的意思就非常丰富了。比如"节日"，其实就是告诉我们在平常的日子里，哪一天我们停下来修整。这个日子就是"节"日。而这个日子在整个这一年里，算是要突出度过的。

过节不单单只为高兴，也有些节日是为了纪念。比如端午节是为了纪念伟大的爱国主义诗人屈原。我们纪念屈原就是要纪念他不屈不挠的爱国主义精神。

屈原是春秋时期人，他倡导举贤授能，富国强兵，力主联齐抗秦，遭到贵族子兰等人的强烈反对，屈原遭谗去职，被赶出都城，流放到沅、湘流域。他在流放中，写下了忧国忧民的《离骚》《九歌》等诗篇，独具风貌，影响深远。公元前278年，秦军攻破楚国国都，屈原眼看自己的祖国被侵略，心如刀割，但是始终不忍舍弃祖国，于五月五日，在写下了绝笔《怀沙》之后，抱石投汨罗江自尽，以自己的生命谱写了一曲壮丽的爱国主义乐章。这就是我们中华民族传统的民族精神"气节"。"节"字又一次出现，为什么？因为竹子的节很硬，这就代表了"坚贞不屈，骨头硬"，引申义就是这样来的。

白居易在《养竹记》中有这样一段话：

> 竹节贞，贞以立志；君子见其节，则思砥砺名行、夷险一致者。

竹子的气节很坚贞，凭着坚贞的气节可以立志，有道德修养的人看见它的气节，就会想到砥砺名节、无论危险还是平安都始终如一的人。可见，竹节就代表了人的气节。《孟子》中的这句话更加振聋发聩：

> 富贵不能淫，贫贱不能移，威武不能屈，此之谓大丈夫。

真正的大丈夫，要有坚定的信念，不为荣华富贵所诱惑，不为贫贱困苦所改变，不为威胁暴力所屈服，这样的人才称得起大丈夫。这三句话，对后世有深远影响。也说明了中国民族精神就是如此，这就是气节。

那么"气节"对我们来说有什么现实意义呢？有。注意孟子说的第一句话，富贵不能淫，这个"淫"字的意思就是"过度"。当前社会，物质极大丰富，同时也刺激了人们对物质的无限追求。这是非常可怕的。有的人毫无节制，无论对吃、对穿、对玩，都没有节制。有的人认为自己有钱就可以随意挥霍糟蹋万物，不替子孙后代考虑，这样穷奢极欲最后伤害的还是自己。

竹子启发我们要做爱自然之人，做有骨气之人，做无贪欲之人，做爱生活之人。小小"节"字中藏有这么多的启示。

描一描

背一背

富贵不能淫，贫贱不能移，威武不能屈，此之谓大丈夫。——《孟子》

想一想

现在有的人面对各种物质欲望不能自已，你认为这样做会带来怎样的后果呢？

查一查

去查一查我们本民族节日的风俗吧。

做一做

把最近你想得到的东西写在一张纸上，看看哪些属于需要的，哪些属于过度欲望，面对它，希望你能迈出那克制的一步。

勇敢

——无畏地担当

板书伴侣阅读

勇气 → 担当 → 绝境逢生

篆书"勇"（清·邓石如）

有人曾说：不懂得害怕的人不能算勇敢，因为勇敢指的是面对一切风云变幻坚强不屈的能力。我们古人是如何看待"勇敢"的呢？到底什么是真正的勇敢？勇敢分哪几种呢？

首先我们来一起看"勇"的篆书写法（见上图）。它是典型的形声字，甬是声旁，而力是形旁。

楷书"勇"（唐·柳公权）

在《说文解字》中，"勇"的意思是：

◀ 气也。▶

《说文解字注》中对"气"这样解释。

◀ 气,云气也。引申为人充体之气之称。▶

气,本身指的是云气,这里引申为人内心充满了勇气。有了这种气,它会促使你向前奋进。

再来看看"敢"这个字。

篆书"敢"
(周·毛公鼎铭文)

篆书"敢"
(元·赵孟頫)

隶书"敢"
(汉·史晨前后碑)

楷书"敢"
(唐·欧阳询)

《说文解字》中这样解释"敢":

◀ 进取也。▶

勇敢这个词,依古人注释就是充满了勇气,奋发进取。

我们可能会想到见义勇为这个词。这个词非常重要的一个字就是"义"。看到正义的事情,就勇敢地去做。而那些明知道是恶事、错事还去做的,很显然,不属于"义",那么所采取的行为自然也不是"勇敢"的。那是糊涂的,愚蠢的。

因此,勇敢这二字背后隐藏的深意,必定是"正气"和"积极正确地进取"。我们在这个基础上才能谈"勇敢"。

《论语》中有这样的话:

◀ 见义不为,无勇也。▶

明明知道是充满"义"的事而不去做，这不叫勇敢。当然，我们也要避免莽撞，一个人落难，如果我们力不从心，有心帮助，但条件不适合，那就要想法子用其他方式帮助。而不是冲动行事，免得造成更大的麻烦。

古时候的人，强调勇敢，但匹夫之勇，会让人耻笑。匹夫有两种解释，一种指平民中的男子，一种就指有勇无谋之人。在这里我们单说后者。

三国里，吕布就是典型让人耻笑的匹夫。他武艺高强，有"人中吕布，马中赤兔"之称，但这个人由于落下"反复无常"之名，没有哪个上级敢收留他，最终为曹操所杀。

我们在生活里怎么表现勇敢呢？李清照那首诗写得好：

> **生当作人杰，死亦为鬼雄。至今思项羽，不肯过江东。**

李清照，宋代著名女词人，是非常了不起的女性，她写婉约风格的词登峰造极，写豪放风格的诗也不在话下。我们可以看到这句诗掷地有声：活着就要当人中的俊杰，死了也要做鬼中的英雄。无关功利，为给生命一个交代。这就是面对生活的一种勇敢。

想到勇敢的人，我们自然会想起革命战争年代，无数革命英烈抛头颅洒热血，让后人敬仰，他们为了祖国慷慨赴死，给我们留下无限宝贵的财富。这就是信仰，这就是最为令人称道的勇敢。

现在是和平年代，弘扬正义之气就是勇敢。

在英国城市北安普顿，有一伙歹徒在光天化日之下，试图强行闯入一家珠宝店进行抢劫。一位红衣老妇人挺身而出，靠手中仅有的手提包击退了歹徒。其中有个歹徒还因为极度害怕从逃跑的摩托车上摔下来，最后这名歹徒被当场抓获。事发后第二天，这位老人在接受当地报纸采访时说，看到歹徒竟敢在众目睽睽之下企图抢劫，这让她非常愤怒，所以便毫不犹豫地冲了上去。后来这位老奶奶被当地人亲切地称作"超级奶奶"。连珠宝店经理都说："简直不可思议，要知道当时六个人都拿着铁锤，阻止这种行为需要巨大的勇气。"也许这个例子比较特殊，但有力地证明了一点——邪不胜正。

还有一种勇敢，就是当我们在工作或者生活中，陷入绝境的时候，不能自弃，要鼓起勇气，迎接挑战，这种迎接挑战的行为，也是勇敢的，靠着一股勇气，渡过难关，这是绝处逢生的勇敢。

　　喜欢足球的人都知道，2014年巴西世界杯，有个国家队表现抢眼，引起了人们的注意，这就是智利队。智利队居然与上届世界杯冠军西班牙队和亚军荷兰队分在了一组，人称这是"死亡之组"。面对这个形势，智利人又是怎样对待的呢？

　　这还要从2010年说起。那一年，智利北部圣何塞铜矿发生塌方，33名井下作业矿工全部被困在地下700米深的矿井中，经过69天后才被成功救出。2014年世界杯开幕前，铜矿幸存者们回到曾经差点让他们失去生命的事发地，拍摄了一则一分十三秒长的世界杯宣传片。片中这些幸存者向他们的足球偶像们喊出了这样一番话："我们在这里被埋了近70天，我们被土壤所吞噬。从那时起，我们不得不去证明自己到底行不行。我们知道在矿井之外，有着数百万的智利同胞相信我们还活着。土壤见证了一切。这就是我们要把土壤带到巴西，带到国家队训练场地的原因，我们要让训练场充满希望和勇气。所以，我们要向世界展示出，对于一个智利人来说，没有什么是不可能的。西班牙队很强大？荷兰队很强大？我们从不惧怕死亡之组，我们甚至连死亡都不怕，因为我们之前就战胜过死亡。"最后，33名矿工一起高喊着"智利万岁"的口号。

智利矿工全部获救

　　而智利队也没有让本国球迷失望，小组赛前两轮，智利队连胜澳大利亚队、西班牙队，提前锁定了一个十六强席位。特别是当智利队击败西班牙队后，首都圣地亚哥万人空巷，兴奋的球迷按捺不住内心的喜悦自发地涌上街头庆祝，全国上下变成一片欢乐的海洋。

　　这也是勇敢，一种无所畏惧的勇敢，它激发出人内心的潜能。因此不要觉得勇气看不到，摸不着，其实它就在那儿，就看我们能否把它调动起来。

　　勇敢是一种力量，这力量并不存在于战马和武器之中，而是存在于我们的身体中。愿我们能在不同的时刻，表现出不同的勇敢，能够做到无畏地担当。

描一描

背一背

使智，使勇，使贪，使愚。故智者乐立其功，勇者好行其志，贪者邀趋其利，愚者不计其死。——《新唐书》

想一想

有的人认为，功成身退也是一种勇敢，关于"急流勇退"这个问题，请你从"勇敢"的角度来谈谈。

做一做

鼓起勇气，做一件你一直没有勇气做的事情（当然是好事）。

齊家治國平天下

鼎

——最高的承诺

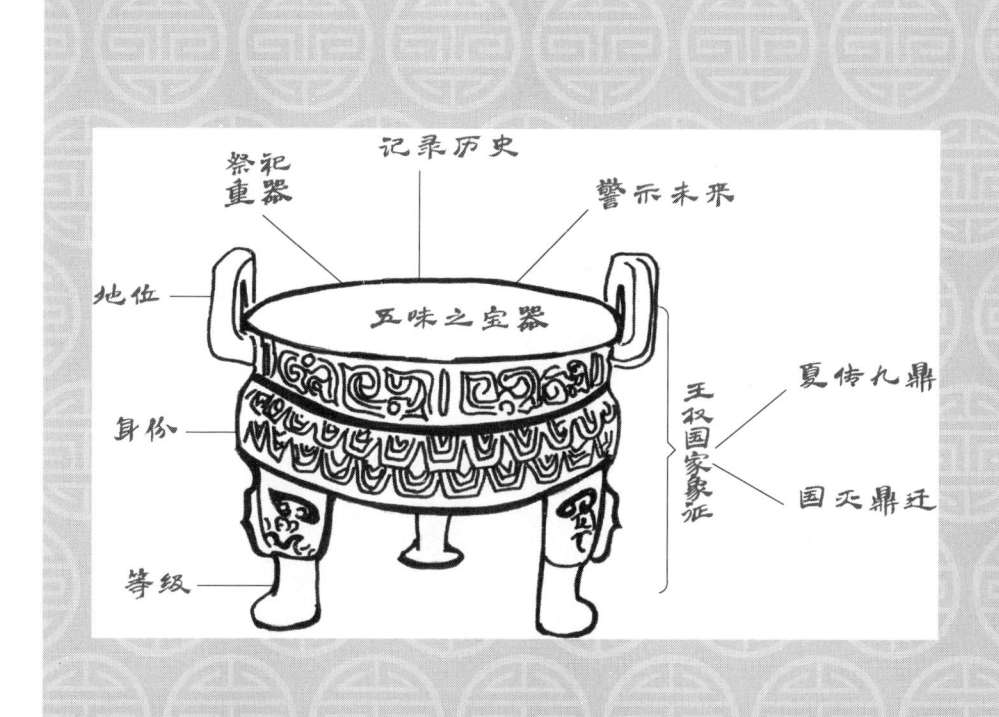

板书伴阅读

祭祀重器　记录历史　警示未来

地位　五味之宝器　夏传九鼎

身份　　　　　　　王权国家象征　国灭鼎迁

等级

篆书"鼎"（周·大盂鼎）

2014年12月13日是个特殊的日子，它是我们国家首个南京大屠杀死难者公祭日。也正是这一天，国家公祭鼎呈现在世人面前。

为什么一口鼎会出现在国家公祭日当中呢？它的价值和意义是什么？鼎在中国古代象征什么？为什么会有这样的象征？

还是让我们从1990年浙江余杭良渚庙前的遗址说起吧。右图就是良渚庙前遗址出土的陶鼎，距今5 300～4 000年，这个陶鼎为大敞口，折腹，鱼鳍足。足根外凸，足尖外撇。器腹还残留有烟气凝结成的黑灰。从这个细节我们可以看出，鼎的用途相当于一口锅，一开始是用来烹煮食物的。《说文解字》中对"鼎"的解释是：

> 三足两耳，和五味之宝器也。

齐家治国平天下

到了夏商周时期，青铜器出现，青铜鼎应运而生。左图是出土于陕西郿县礼村的西周大盂鼎，它是西周著名的青铜器，此鼎造型庄重，工艺精湛，呈现出磅礴的气势和恢宏的格局，为世人所瞩目。

鼎的造型有很多种，有带盖的，不带盖的；有三足的，也有四足的，三足的造型比较普遍，再加上鼎比较坚固，体型一般比较硕大，所以经常用"三足鼎立"来形容多方势力并存和对峙。

以下是"鼎"字的演变过程：

西周·大盂鼎

篆书"鼎"（周·大盂鼎） 篆书"鼎"（民国·王福厂） 隶书"鼎"（汉·曹全碑） 楷书"鼎"（唐·颜真卿）

青铜器的铸造过程较陶器困难得多，需要花费大量的人力与物力，通常只有统治阶级才有能力铸造，因此鼎也就成为贵族地位和阶级的象征，所以人们又以"钟鸣鼎食"代表贵族的生活，用"鼎盛"来形容国力强盛、场面盛大。

据历史记载，古代的贵族通常用鼎来煮肉，把不同类的肉分用几个鼎来煮，熟后直接取食，因此古籍中有"列鼎而食"的说法。

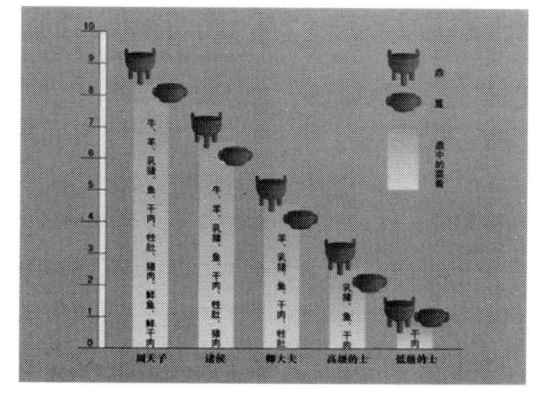

在周代，就有所谓"天子九鼎，诸侯七鼎，卿大夫五鼎，元士三鼎"等使用数量的规定。随着这种等级、身份、地位标志的逐渐演化，鼎成为王权的象征、国家的重宝。统治者往往以举国

钟鸣鼎食

之力，来铸造大鼎。

而鼎之所以在古代被视为立国的重器、权政的象征，更是源于一个传说——夏传九鼎（见下图）。

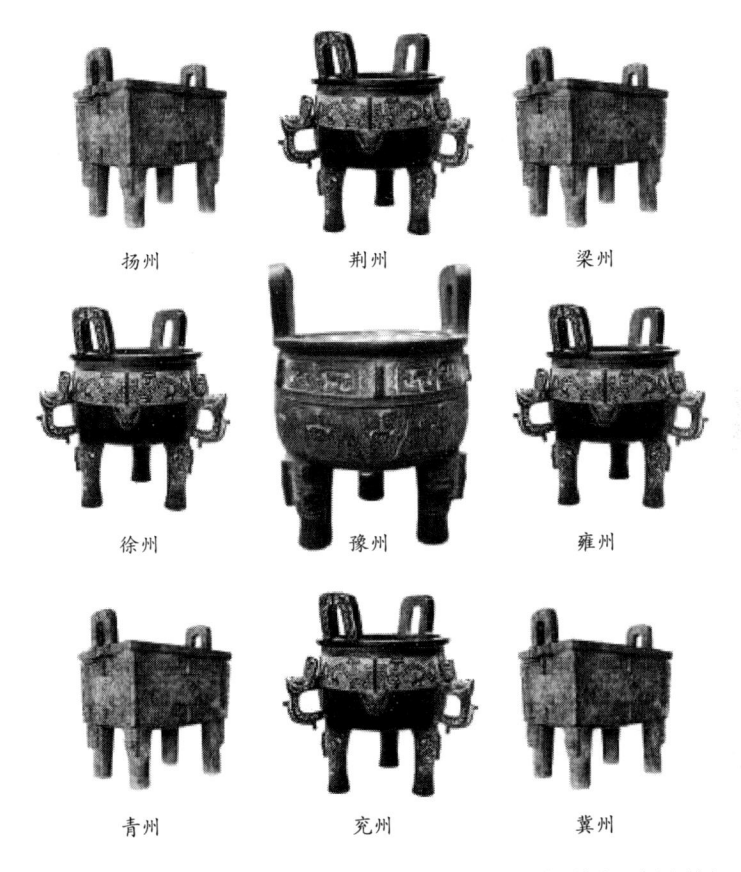

扬州	荆州	梁州
徐州	豫州	雍州
青州	兖州	冀州

相传，由于夏禹治水有功，被拥戴为王，九州各部落领袖纷纷把他们的青铜献给夏禹，而各方国的酋长，也把他们各族的图像进奉。夏禹于是利用这些青铜，铸造了九座大鼎，用来象征九州。夏禹所铸的九个大鼎，后来便成为夏商周三代相传、作为国家政权象征的"九鼎"。《汉书》云：

> **禹收九牧之金，铸九鼎，象九州。**

夏朝时将天下分为九州，九鼎则代表九州，象征各州的图案被刻于九鼎之上。九鼎体现了王权的至高无上，被奉为传国之宝。

自从有了禹铸九鼎的传说，鼎就从一般的炊器发展成为传国重器。国灭则鼎迁，夏朝灭，商朝兴，九鼎迁于商都亳；商朝灭，周朝兴，九鼎又迁于周都镐。《左传》有载：

> 桀有昏德，鼎迁于商，载祀六百。商纣暴虐，鼎迁于周。

夏桀昏庸暴虐，荒淫无度，结果亡国，鼎被迁到了商朝，前后六百年。商纣王暴虐，国家灭亡，鼎又被迁到了周朝。可见，鼎就是国家的象征、权位的标志，朝代虽然更迭，但鼎的价值没有变，只是到了新的朝代，代表新的政权。

关于"鼎"的词语，我们知道很多，比如"问鼎"，这个词来源于一个典故春秋时代，楚庄王故意在洛水附近驻军，周定王派大夫王孙满去慰劳楚军，楚庄王就向王孙满打听周室九鼎的大小轻重，王孙满很有技巧地回答说"天子能够得到天下是因为他有德行而非因为有鼎"，并举夏商朝君主之例，以说明如果有德行，即使鼎小也很重，反之，虽大亦轻。周室虽渐衰微，但仍然是天定的统治者，所以鼎的轻重是不可随便问的。楚庄王问鼎意在取代周室，取得天下。可见鼎对于国家是多么的重要。

子龙鼎　　　司母戊大方鼎

西周·大盂鼎铭文

历史赋予了"鼎"深厚的文化内涵，鼎的这层特殊的文化内涵可以解释很多现实生活中的文化现象。正由于"九鼎"在古代被视为国家权力的象征，所以我们平时用"一言九鼎"来形容人说话分量重。

在我国，有两个非常著名的青铜重器，一个是司母戊大方鼎，一个是子龙鼎。其造型、纹饰、工艺均达到极高的水平，是商代青铜文化的代表作。

还有很多鼎中带有铭文，这就不能不提到前面介绍过的著名的"大盂鼎"，鼎上记载了康王向盂叙述周文王、周武王立国经验的事。康王认为文王、武王之所以能以卓越的业绩立国，主要是因为其臣属从不酗酒，每逢祭祀，认真、恭敬，而商王的亡国教训就在于沉迷于酒。由此告诫盂要效法祖先，忠心辅佐王室，并赐盂命服、车马、酒、人鬲等。盂在铭文中说明作此鼎也是为了祭祀其祖父南公。大盂鼎铭文是史家研究周代分封制及周王与臣属关系的重要史料，一向为史学家所重视。

回到开始我们提到的"国家公祭鼎"，此鼎的后侧左右两边也都铸有汉字，详细记载了我国设立"国家公祭日"和举办首次国家公祭的事实。国家公祭鼎铭文如下：

泱泱华夏，赫赫文明。仁风远播，大化周行。
泊及近代，积弱积贫。九原板荡，百载陆沉。
侵华日寇，毁吾南京。劫掠黎庶，屠戮苍生。
卅万亡灵，饮恨江城。日月惨淡，寰宇震惊。
兽行暴虐，旷世未闻。同胞何辜，国难正殷。
哀兵奋起，金戈鼉鼓。兄弟同心，共御外侮。
捐躯洒血，浩气干云。尽扫狼烟，重振乾坤。
乙酉既捷，家国维新。昭昭前事，惕惕后人。
国行公祭，法立典章。铸兹宝鼎，祀我国殇。
永矢弗谖，祈愿和平。中华圆梦，民族复兴。

此时此刻，我们就明白了这个鼎出现在国家公祭日仪式上的意义。这是国家祭祀时的重器，应该出现在体现国家意志的最高规格的祭祀仪式中。它营造了极其庄重的氛围，突现了这次祭祀的主题。古代历史中逢有重大的政治事件，都有铸鼎记事的传统，这次，鼎上记录了首次国家公祭活动的重大事件，符合传统的礼制，而且也起到了铭记历史、警示未来的作用。

鼎在国家中的地位是至高无上的，它所传递的是一种最高级的承诺，这种承诺变成一种标志——对国家的无限忠诚，对历史的深刻铭记，对未来的无穷信心。

描一描

鼎

想一想

你知道还有哪些带"鼎"的词语？今天学习了鼎的本义，你是否能搞清楚它的引申义？

查一查

1. 在各大博物馆中，都有很多商代青铜器，在这些青铜器中，不乏各式各样的"鼎"，它们背后有哪些故事呢？去了解了解吧。

2. 在有些青铜鼎内或外，刻有铭文，这些文字是通过怎样的技术"刻"在上面的呢？

做一做

到祭祀的日子（清明、中元、除夕等），去祭拜一下先祖或者故去的亲人吧！

齐家

——用心守护的地方

板书伴阅读

诚意 → 正心 → 修身 → 齐

家谱 ⇒ 寻根溯源

宗祠 ⇒ 以光前德 → 治国 → 平天下

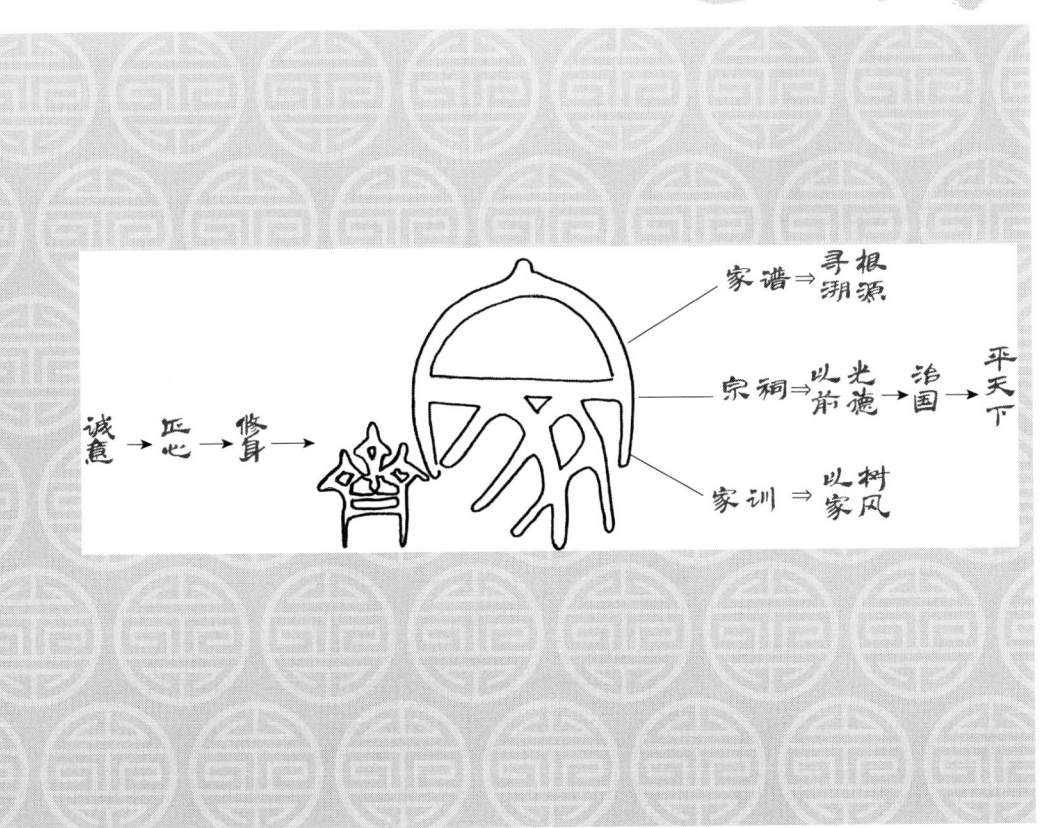

家训 ⇒ 以树家风

甲骨文中的"家"

甲骨文中的"宀"

家，一个长期居住的固定场所，这个场所里住着血缘关系最为亲近的人。从字形上分析不难理解，"宀"与"棉"同音，它的本义是房屋。我们先来看看"宀"的甲骨文，很像原始人所搭建的房屋轮廓。在《说文解字》中，"宀"的意思就是：

◀ 交覆深屋也。▶

俯瞰这个房子的屋顶可以发现，各个方向的覆盖物交在一个点上，顶棚覆盖在上面，形成了一个有点深度的屋子。

我们再来看"家"的下面这部分"豕"，这个字代表猪的意思。那问题

猪下颌骨
1977年余姚河姆渡遗址出土。

汉字里的国学 | 三〇二

出来了，为什么"宀"字下面不是用"人"而是用"豕"来代表"家"呢？

回到远古时代，人类首先在不断发展和进化过程中，通过劳动建造房屋以遮风避雨。搭建好的房屋意味着能有长期居住的地方。直至今日，人类首先要解决的最根本的问题还是生存问题，有了固定的居住场所，还需解决每天吃饭问题。远古人"拘兽以为畜"，现在的家猪就是从野猪经过漫长的拘养、驯化而来的。在西安半坡、浙江余姚河姆渡等新石器时代遗址中，发掘出距今六七千年的家猪的骨骼，而在广西桂林甑皮岩遗址中出土的家猪的猪牙和颌骨，距今已9 000余年，这说明我国的养猪业至少已有近万年的历史了。

甲骨文中的"豕"　篆书"豕"（民国·王福厂）　隶书"豕"（汉·乙瑛碑）　楷书"豕"（唐·柳公权）

中国养猪业历史悠久，源远流长，据史料记载，中国是最早将野猪驯养为家猪的国家之一。那问题又来了，为什么偏偏是养猪才证明是"家"呢，为什么不是养狗，养牛、马、羊之类的牲畜？自古以来，猪饲养成本比较低，但回报率非常高，而且猪繁殖力强，浑身上下都是宝。如果养马、牛、羊，每一次生育的幼崽数量比不过猪，而鸡鸭之类的家禽只能生蛋。因此，一个家族养猪相对容易达到"小康"水平，有吃有住，"家"才稳定。

这是"家"字的演变过程：

甲骨文中的"家"　篆书"家"（秦·峄山碑）　隶书"家"（汉·曹全碑）　楷书"家"（唐·王羲之）

家最初代表居住的地方，慢慢引申为了"家庭"——以婚姻和血缘关系为基础而共同生活的单位。现在我们一说到"家庭"大都会想到三口之家，而远古时代却不是，具有血缘关系的若干人等都住在一起，男女老少好几代，成为了一个群体，我们称之为"家族"。而在这个庞大的家族中，也必定会有一个德高望重或者某方面具有权威的人来担任"族长"。

中国人重视饮水思源，不忘祖先。千百年来，人们把祖宗的世系和事迹记录下来传给子孙，以此证明家族的存在，延续家族的血脉，这就是家谱（见左下图）。通过家谱，我们仿佛和自己的家人隔空相聚。

"世界船王"包玉刚，是热心祖国建设的华人富豪之一，曾不知道自己确切的出身。1984年，他回到宁波家乡，在古老的藏书楼上偶然发现包氏宗谱，才最终找到自己的出生日期，而且发现自己竟是"包青天"包拯的第二十九世嫡系子孙。这位世界船王激动地说："我终于找到根了！"

一位著名的学者曾经说："正是因为先人竭尽全力，今天，我们后人才不至于像无根的浮萍，才能在家族和历史的源流中，知道自己从哪里来。"

家谱，就是一场"穿越时空的家族聚会"。面对先人的名字，想象他们的往事，我们仿佛能透过其目光，看岁月变幻，感世事沧桑、生命传奇，也从中看到自己遥远的过去。

包玉刚在浙江宁波寻根后合影

人活一世不容易，时间不长，至多百年。要将短暂的生命延续下去，除了子孙的繁衍，还需要智慧的传承。所以，人们会在家谱上记录祖先的遗训和教诲，留给后人。那些代代相传的家训，看似古板，可多年以后，我们却发现，那些朴实的教诲常能成为人生的支柱和路标。

古时候，每个家族基本都有"家训"，它是先辈留给后人的为人处世宝典。传承下来的有很多，比较著名的是《颜氏家训》[1]《朱子治家格言》[2]《曾国藩家训》[3]等。里面的内容无不是对下一代的谆谆教诲，教育后人如何好好做人、好

---

[1] 《颜氏家训》是汉民族历史上第一部内容丰富、体系宏大的家训，也是一部学术著作。作者颜之推，是南北朝时期著名的文学家、教育家。

[2] 《朱子家训》又名《朱子治家格言》，清初朱柏庐所著，从治家的角度谈了安全、卫生、勤俭、有备、饮食、房田、婚姻、美色、祭祖、读书、教育、财酒、体恤、谦和、无争、交友、自省、向善、纳税、为官、顺应、安分、积德等诸方面的问题，核心就是要让人成为一个正大光明、知书明理、生活严谨、宽容善良、理想崇高的人，这也是中国文化的一贯追求。

[3] 《曾国藩家训》是后人根据曾国藩的家训、家书等史料编辑加工而成，从为人处世、从政治军、谨守家风、保养身心几个方面分类，在介绍曾氏家训内容的同时，重点引导今人借鉴其有益成分。

汉字里的国学 ｜ 三〇四

好做事，如何报效国家。正所谓：

> 世事洞明皆学问，人情练达即文章。

有了家训的教导而且认真落实，这个家族也就建立起了端正的家风。古时候，这样的成功案例很多，最突出的要算北宋的思想家、文学家范仲淹了。

范仲淹幼年丧父，因家境贫寒，便用两升小米煮粥，隔夜粥凝固后，用刀切为四块，早晚各食两块，再切一些腌菜佐食。成年后，范仲淹又到应天书院刻苦攻读，冬天读书疲倦犯困时，就用冷水洗脸，没有东西吃时，就喝稀粥度日。一般人不能忍受的困苦生活，范仲淹却从不叫苦。经过苦读，范仲淹终于进士及第，官做到了参知政事。

范仲淹治家非常严格，教导子女做人要正心修身、积德行善，所以范氏家风清廉俭朴、乐善好施。

一次，范仲淹让次子范纯仁自苏州运麦至四川。途中范纯仁碰见熟人石曼卿，得知他逢亲之丧，无钱运柩返乡，范纯仁便将一船的麦子全部送给了他，帮助他还乡。

范纯仁
著名文学家、思想家、政治家。

范纯仁回到家中，没敢提及此事。范仲淹问他在苏州遇到朋友了没有，范纯仁回答说："路过丹阳时，碰到了石曼卿，他因亲人丧事，没钱运柩回乡，而被困在那里。"

范仲淹立刻说道："你为什么不把船上的麦子送给他呢？"

范纯仁回答说："我已经送给他了。"范仲淹听后，非常高兴，并夸奖他做得对。

由于范氏后人一直秉承着范家家风，800年间范氏家风保持淳厚朴实，可谓世间治家典范。

清代名臣曾国藩，也曾写下十六字家训来告诫子孙：

> 家俭则兴，人勤则健；能勤能俭，永不贫贱。

意思是，节俭能使家庭兴旺，勤快会使身体强健。既勤劳又节俭，人生才能富足。他曾对女儿说,我一生清廉,为民请命,从未想过要发财。你们今后,也应该靠自己的力量生存,而不是靠我来帮衬。

最后,他没有为后人留下一文钱,唯独留下谆谆教诲送给子女。160多年来,曾氏家族没有出过一个"败家子"。

宋代朱熹提倡建家族祠堂:每个家族建立一个奉祀高、曾、祖、祢四世神主的祠堂四龛。等到了清明、中元、冬至的时候,一个家族的人都去祭祀祖先,重温祖先之教诲。"以光前德,以树家声。"这也是团结一个家族,学习先祖美好品德的很好的方式,提醒后人不能做恶事而毁坏家族名声,给祖宗抹黑,这为当时稳定社会起到了积极的作用。

曾国藩

以毛氏宗祠为例,它是一处建于清代中期的家族祠堂建筑,属于毛氏家族祭祀祖先和先贤的场所。毛氏宗祠门联上的对联"注经世业,捧檄家声"来自毛姓的两个典故。上联说的是汉代大毛公毛亨、小毛公毛苌先后注解《诗经》的典故,引申说,毛家是以注经为世代之业的,这自然是诗礼传家的书香门第了。下联则是用汉代庐江毛义"捧檄色喜"的典故。汉代非常讲究士行高洁。毛义,东汉安徽庐江人,家境贫寒,侍奉父母却很孝顺,孝名传于乡里。据史书记载,当时南阳有一个名叫张奉的人,久仰毛义的贤名,特意登门拜访,说他如何敬仰毛义的道德人品。毛义正在谦逊的时候,忽然听到门外传来了敲门声,原来是本府的檄文到了,毛义被委任为安阳县令。毛义当时喜形于色,过了很久才从内室走出来,笑容还挂在脸上。张奉因此看不起他,以为他徒有虚名,白跑了一趟,离开后就再也不见毛义。毛义在安阳令任上,政绩显著。老母去世后,毛义就隐居起来,当权者征召,他一概谢绝不应。人们都感到奇怪,认为他前后判若两人。张奉听说后,连声赞叹说:"贤者做事不是凡夫俗子能够理解得了的。如今我明白当初毛义手捧檄文高兴得不得了是为什么了,不是为了名利,而是为了老母的欢心。"古时候,家中贫寒,父母老迈,若不出去做官挣俸禄奉养双亲,则列为不孝之一。像毛义这样,大概就可以免去不孝之名了。因此"捧檄家声"说的就是以孝道传家。这样一细细分析,这副对联就颇有意味了。

现在我们再回过头来体会《大学》里的话:

> **身修而后家齐，家齐而后国治，国治而后天下平。**

品性修养好后才能管理好家族；管理好家族后才能治理好国家；治理好国家后天下才能太平。所以归根结底，人要懂得修身的必要性。

参天之木，必有其根。如果说家象征着故土，象征着根，那么家族里的每一个名字，就象征着一片归根的叶；每一句先祖的教诲，就是家族的枝干。这棵树的根汲取文化的营养，必会长得茂盛，也必然会给社会带来勃勃生机。

描一描

查一查

梁启超，中国近代著名思想家、文学家、学者，他对子女的为人、治学都给予了细致指导，查一查在他的教育下，他的子女都有什么成就。

背一背

物格而后知至，知至而后意诚，意诚而后心正，心正而后身修，身修而后家齐，家齐而后国治，国治而后天下平。——《大学》

做一做

家，是要家庭成员共同建设的，就算是家中的小朋友，也是家庭建设中重要的一员，因此必须要分担家务事来做，不能推给别人。自己定个做家务的计划或者主动承担某项家务劳动吧！

贝

——有「道」的孔方先生

板书依伴阅读

范蠡

天圆地方
外圆内方 — 为人处世
便于磨边

财布施得财富

篆书"贝"（周·不指方鼎）

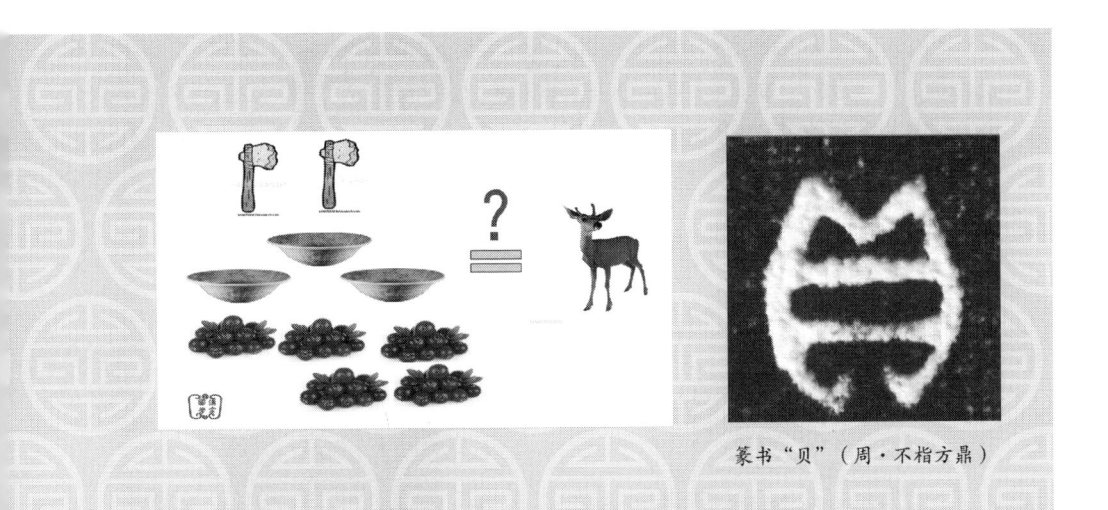

啾啾的鸟鸣声划破了寂静的黎明，人们开始了一天的劳作。学生们背着书包去上学，大人们

贝币

也投入到忙碌的工作中。远古时代其实也一样，早晨，家族里的女性忙于家务，男人们则到更远的地方去打猎。可是，如果忙了一早却没有抓到任何猎物，看到别的家族有肉吃，自己家里人也想吃肉，怎么办？于是人们想出了一个办法，用家里有的物品去跟有肉吃的人家换，这叫做"以物易物"。但由于物品的不等价所造成的交换之间的麻烦，让人们开始动脑筋想办法，开始用固定的东西充当一般等价物作为商品交换的媒介。夏商时"贝壳"被公认为货币。原始贝币是天然的海贝，它产于南海，得之不易，光洁美丽，小巧玲珑，坚固耐磨，便于携带和计数。

我们看一看"贝"最初的写法，会发现经过字形演变它的写法并没有发生太大的变化。

齐家治国平天下

篆书"贝"（周·不指方鼎）

篆书"贝"（民国·王福厂）

隶书"贝"（清·顾霱吉）

楷书"贝"（唐·颜真卿）

一贯钱

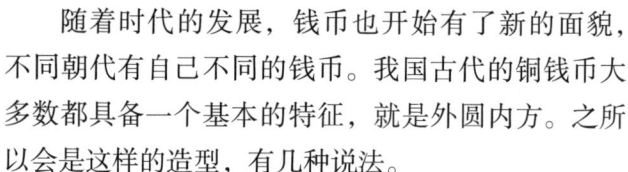

古代铜钱

　　这就是现在跟"财"有关系的字都带有"贝"这个部件的原因。拿"贯"这个字为例。古时候以贝壳为货币，但一个一个散落不好拿，数起来也比较麻烦。于是古人在贝壳上钻一个眼，把一个一个贝壳都穿起来。左图展示的是长长的一贯钱。它相当于1 000个铜钱串在一起。

　　随着时代的发展，钱币也开始有了新的面貌，不同朝代有自己不同的钱币。我国古代的铜钱币大多数都具备一个基本的特征，就是外圆内方。之所以会是这样的造型，有几种说法。

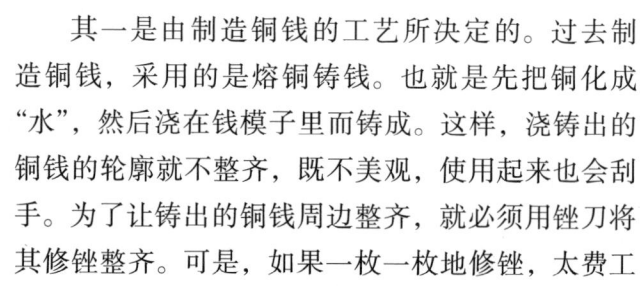

　　其一是由制造铜钱的工艺所决定的。过去制造铜钱，采用的是熔铜铸钱。也就是先把铜化成"水"，然后浇在钱模子里而铸成。这样，浇铸出的铜钱的轮廓就不整齐，既不美观，使用起来也会刮手。为了让铸出的铜钱周边整齐，就必须用锉刀将其修锉整齐。可是，如果一枚一枚地修锉，太费工夫，不方便。于是铸钱工匠想出方法，那就是在铜钱的中间开一个孔，把百余个钱穿在一根棍子上，一锉刀下去，百十枚铜钱的外缘都能锉到。如果钱中间的孔是圆的，锉时铜钱会来回转动，就会有的锉到，有的锉不到。于是他们把钱孔做成方形的，这样穿进一根方棍，钱就不会来回转动，锉起来方便多了。此法沿袭下来，两千多年来的铜钱皆是外圆内方，钱也就有了别名"孔方兄"。

其二是中国古代讲求"天圆地方"之说，诸子著作中曾多次提到：

天道为圆，地道为方。

"方属地，圆属天。"古钱外圆内方，正好体现了这种天圆地方的宇宙观，所以历代帝王多采用这种方孔圆钱形制，以象征天圆地方、天地覆载万物。

其三，我们还能从铜钱的形制上得到为人处世的智慧。外圆能保证在复杂的社会中不被欺骗，顺利与各种人打交道；内方又能保证自身人格特色和优良品质，少受外界不良影响。

到了后来，我们把统一流通用来交易的货币称作"钱"。"钱"一开始指的是古时候在田间耕种的农具，就是我们现在说的铁铲。古人曾仿它的形状铸造成货币（见右图），"钱"字左边的"金"代表形旁，右边的"戔"表示声旁，"戔"与"残"通用，表示铁铲能把土变成小块儿。后来它怎么成了货币的名称呢？因为秦汉时期货币也叫"泉"，泉是由四面八方汇集在一起，再流向四面八方。钱与"泉"又是近音，结果叫着叫着就用"钱"代表货币了。

仿古代农具铸造的货币

有的人为了拥有财富而不择手段，这是非常不可取的行为。

君子爱财，取之有道。

君子欢喜正道得到的财物，不要不义之财。这便是提醒我们面对金钱诱惑时要谨慎小心，不可随意草率。

面对利益，古人的很多做法是非常值得我们效仿的。

让我们从民间供奉的财神爷说起吧。

比如，我们最为熟悉的财神爷就是关羽。武财神

关公

关羽手持青龙偃月刀，形象威武，义薄云天。民间喜欢关羽的程度真是不一般，关帝庙遍布全球，东南亚和港澳台地区许多公司、商铺、家庭、官方都敬拜武财神关公。现今关公被商界奉为财神，其忠义诚信精神已成为经商的至理信条。

范蠡

再比如文财神范蠡，他是春秋著名的政治家，在辅佐勾践灭掉吴国后，急流勇退开始了隐居的生活。民间广为流传的"三聚三散"的故事，就发生在这段时间。他搬迁三次，每次离开这个地方的时候，都会广散千金，取之于民，还报于民，他治国则国盛，治家则家富，宋代王十朋曾写诗赞美：

> 久与君王共苦辛，功成身退肯逡巡。五湖渺渺烟波阔，谁是扁舟第二人。

把自己挣到的钱布施给需要帮助的人，取之于社会，回报于社会，这样的人，他的财富也会源源不断。范蠡用实际行动证明了这一事实。

这样的例子比比皆是。

香港电影大王、邵氏影业的创始人邵逸夫先生，一生乐善好施。据不完全统计，截至 2014 年 1 月，邵逸夫捐助内地科教文卫事业的资金达 25 亿元，捐助项目超过 3 000 个，其中 80% 以上为教育项目。受惠学校近千所。以邵逸夫的名字命名的教学楼、图书馆、科技馆及其他文化艺术、医疗机构遍布中国许多地方。邵先生这样做不仅获得了财富，而且获得了尊重。

邵逸夫

邵先生生前的资产超过 200 亿港元，但在去世之前，他已经立好遗嘱，死后所有资产捐献给慈善事业，不留给后世子孙。真是应了林则徐①的那段教育子女的话：

---

① 清朝时期的政治家、思想家和诗人。因主张严禁鸦片，在中国有"民族英雄"之誉。

> **子孙若如我，留钱做什么，贤而多财，则损其志；
> 子孙不如我，留钱做什么，愚而多财，增益其过。**

如果子孙后代资质比得上我，留钱给他干什么，他本来就很贤能和聪明，我把钱财留给他反而损害了他奋斗的意志。子孙不如我，那留钱给他，反而使他好逸恶劳，坐吃山空。留的钱越多，他就越是胡作非为，越是增加其过错。

《大学》里有这样的话：

> **君子先慎乎德。有德此有人，有人此有土，有土此有财，有财此有用。德者本也，财者末也。**

品德高尚的人首先注重修养德行。有德行才会有人拥护，有人拥护才能保有土地，有土地才会有财富，有财富才能供给使用，德是根本，财是枝末。如果本末倒置，奸诈之人也就出现了。因此，钱本身没有问题，有问题的一定是人。所以让我们拥有的钱成为有"道"的孔方先生才是对的。

描一描

背一背

君子先慎乎德。有德此有人，有人此有土，有土此有财，有财此有用。德者本也，财者末也。——《大学》

查一查

中国民间供奉的财神爷除了范蠡和关云长，还有谁？为什么他们是财神爷呢？

想一想

过年了，小朋友们都得到了压岁钱，如果这笔钱在你手里，你打算怎样合理地支配呢？

做一做

为需要帮助的人献上你的一份爱心吧，无论是钱还是物，都是爱心。

后记

作为从事基础教育多年的老师，随着教育经历的不断丰富，越来越深刻地认识到"普世价值"教育的意义。作为教育者，我们敏感地发现现代学生思想意识和行为习惯存在诸多问题。而这些问题，我们也常常是舍本逐末，只解决"症状"而忽略"病根"。

中国传统教育懂得追根溯源，如果面对问题只下表面功夫，就等同于一棵树的叶子黄了，你只把黄叶掐掉而已，其实是根出了问题。不从根本下手，是达不到教育目的的。中国传统文化经典不是空中楼阁，是可以拿来用的。事实证明，它的确可以改变学生不良的行为习惯，让学生受益匪浅。

笔者2006年有机缘开始接触传统文化，渐渐走入了国学教育的核心。作为七零后的人，我们这代人小时候没有受过这方面系统的教育，不知道传统文化到底能给我们带来什么。而经过这十余年的学习并践行，可以说古圣先贤的经典已经渗透并且直接影响到了我们的行为习惯，纠正了自己很多不良的习气。

《汉字里的国学》这本书，可以说是我们教学的总结，灵感来自于书法的汉字教学，因为书法课不仅仅要讲技法，还要联系汉字义理，每当这个时候，学生都会被汉字背后的故事所吸引，而传达的每一个故事，都带着传统文化无穷的魅力。于是我们便开始深入学习和钻研。不得不说，学习传统文化的过程是充满欢喜、充满感动的过程，因为传统文化能开启人的智慧。

我们秉承着师长的谆谆教诲，通过大量史料记载和现实发生的真实事例来阐述古圣先贤的智慧。讲述过程中，全力以赴地做到不掺杂个人主观想法与好恶，做到述而不作。

在这里特别感谢翟江虹老师、金玉婷老师、徐强老师以及所有为本书付出辛苦劳动的老师们。

弘扬中国优秀传统文化任重而道远，吾辈将更加努力学习，义无反顾，脚踏实地，为了中华传统文化的发扬光大，奉献出自己的绵薄之力。

图书在版编目（CIP）数据

汉字里的国学/刘叶翎，段庆峰著.—北京：中国人民大学出版社，2018，3
ISBN 978-7-300-25450-0

Ⅰ.①汉… Ⅱ.①刘…②段… Ⅲ.①汉字—通俗读物 Ⅳ.①H12-49

中国版本图书馆CIP数据核字（2018）第011473号

汉字里的国学
刘叶翎　段庆峰　著
Hanzili de Guoxue

出版发行	中国人民大学出版社		
社　　址	北京中关村大街31号	邮政编码	100080
电　　话	010-62511242（总编室）	010-62511770（质管部）	
	010-82501766（邮购部）	010-62514148（门市部）	
	010-62515195（发行公司）	010-62515275（盗版举报）	
网　　址	http://www.crup.com.cn		
经　　销	新华书店		
印　　刷	北京昌联印刷有限公司		
规　　格	170mm×240mm 16开本	版　次	2018年3月第1版
印　　张	20.5 插页2	印　次	2023年3月第9次印刷
字　　数	331 000	定　价	69.80元

版权所有　　侵权必究　　印装差错　　负责调换